O Ensino de Geografia e suas Linguagens

Rosane Rudnick
Sandra de Souza

EDITORA intersaberes

O Ensino de Geografia e suas Linguagens

Informamos que é de inteira responsabilidade das autoras a emissão de conceitos.

Nenhuma parte desta publicação poderá ser reproduzida por qualquer meio ou forma sem a prévia autorização da Editora InterSaberes.

A violação dos direitos autorais é crime estabelecido na Lei nº 9.610/1998 e punido pelo art. 184 do Código Penal.

EDITORA intersaberes

Av. Vicente Machado, 317, 14º andar . Centro
CEP 80420-010 . Curitiba . PR . Brasil
Fone: (41) 2103-7306
www.editoraintersaberes.com.br
editora@editoraintersaberes.com.br

Conselho editorial
Dr. Ivo José Both (presidente)
Drª. Elena Godoy
Dr. Nelson Luís Dias
Dr. Ulf Gregor Baranow

Editor-chefe
Lindsay Azambuja

Editor-assistente
Ariadne Nunes Wenger

Editor de arte
Raphael Bernadelli

Análise de informação
Silvia Kasprzak

Revisão de texto
Monique Gonçalves

Capa
Denis Kaio Tanaami

Projeto gráfico
Bruno Palma e Silva

Iconografia
Danielle Scholtz

Dados Internacionais de Catalogação na Publicação (CIP)
(Câmara Brasileira do Livro, SP, Brasil)

Santos, Rosane Maria Rudnick dos
  O ensino de geografia e suas linguagens /
Rosane Maria Rudnick dos Santos, Sandra Mara Lopes
de Souza. – Curitiba: InterSaberes, 2012. – (Coleção
Metodologia do Ensino de História e Geografia, v. 8).

  Bibliografia.
  ISBN 978-85-8212-051-4

  1. Espaço e tempo 2. Geografia 3. Geografia —
Estudo e ensino 4. Geografia — História 5. Pesquisa
educacional 6. Prática de ensino 7. Professores —
Formação profissional I. Souza, Sandra Mara
Lopes de. II. Título. III. Série.

12-07658   CDD-910.0107

      Índices para catálogo sistemático:
      1. Espaço: Geografia: Teoria: Estudo e
         ensino   910.0107

Foi feito o depósito legal.
1ª edição, 2012.

Sumário

Apresentação, 9
Introdução, 13

A geografia e o uso de diferentes linguagens – uma necessidade para a sala de aula, 17

1.1 A importância da geografia e as suas linguagens, 19

1.2 Por que ensinar geografia?, 22

1.3 Objeto de estudo da geografia, 26

Síntese, 28

Atividades de autoavaliação, 28

Atividades de aprendizagem, 31

A construção da noção de espaço, 33

2.1 Capacidades e habilidades da criança e o meio em que vive, 37

2.2 Evolução da noção de espaço, 40

Síntese, 44

Atividades de autoavaliação, 45

Atividades de aprendizagem, 47

O estudo do espaço – por que essa preocupação?, 49

3.1 O aluno, a noção de espaço e a escola, 53

3.2 A noção de espaço por meio de brincadeiras, 55

Síntese, 59

Atividades de autoavaliação, 59

Atividades de aprendizagem, 62

Construção da noção de espaço – descrição de uma experiência prática, 65

4.1 Desenho da mão/contorno do corpo/tamanho e proporção de objetos do espaço geográfico, 69

4.2 Mapa do corpo – atividade 4, 81

4.3 À procura de um castelo – atividade 5, 85

4.4 A caminho da escola – atividade 6, 88

4.5 Organização da sala de aula – atividade 7, 92

4.6 Organização do espaço da sala de aula – mapeamento – atividade 8, 97

4.7 Organização do espaço da escola – mapeamento – atividade 9, 100

4.8 Organização do espaço nas moradias – mapeamento – atividade 10, 104

Síntese, 108

Atividades de autoavaliação, 109

Atividades de aprendizagem, 111

Propostas metodológicas para a construção da noção de espaço pela criança, 113

Síntese, 120

Atividades de autoavaliação, 120

Atividades de aprendizagem, 122

Linguagens e especificidades para a sala de aula, 123

6.1 As representações sociais, os alunos e a escola, 129

Síntese, 130

Atividades de autoavaliação, 131

Atividades de aprendizagem, 134

Sugestões de atividades práticas – subsídios para sala de aula – organização de aulas por meio do uso de diferentes linguagens, 137

7.1 O uso de signos – trabalho com o trânsito começa na escola, 140

7.2 Alfabetização cartográfica – trabalho com mapas, 149

7.3 Lugar e localização – sugestão de atividades, 160

7.4 Linguagem dos "jornais/revistas" na sala de aula, 173

7.5 Jogos na sala de aula, 191

Síntese, 214

Atividades de autoavaliação, 214

Atividades de aprendizagem, 216

Considerações finais, 219
Referências, 223
Bibliografia comentada, 233
Gabarito, 235
Nota sobre as autoras, 243

Apresentação

Nesta obra, objetivamos oferecer aos professores em processo de formação e aos que procuram se especializar na área da educação subsídios para o trabalho na sala de aula na área de geografia.

Vivemos em um tempo e numa sociedade que apresenta marcas oriundas do acúmulo de informações e pelo desenvolvimento tecnológico e com uma escola com a tarefa de formar cientificamente, ética e culturalmente essa sociedade, caracterizando-se o professor em principal gerenciador desse processo educativo.

Exigências de mudanças vêm sendo feitas no processo educacional, e o bom preparo do professor tem sido cada vez mais fundamental para que a mudança aconteça. Uma das formas de auxiliar esse processo é contribuir para que o conhecimento seja reelaborado na sala de aula por meio de diferentes linguagens.

É nesse contexto que escrevemos o presente material, organizando alguns conhecimentos necessários ao professor na sala de aula, evidenciando como se dá a construção da noção de espaço pelo aluno e de atividades de caráter prático e educacional para professores e futuros professores de geografia.

A seleção dos conteúdos apresentados foi feita com base nos anos de atividade profissional que temos e nas necessidades de entender como algumas noções de espaço se estruturam no processo cognitivo dos nossos alunos para que o conhecimento geográfico seja sistematizado de forma significativa para os mesmos, utilizando-se de diferentes linguagens ao longo desse processo.

Nesse contexto, trataremos no capítulo 1 sobre a geografia e as linguagens que podem fazer parte das aulas dessa área do conhecimento, da importância do estudo de geografia na escola e das características do seu objeto de estudo: o espaço.

No capítulo 2, com auxílio em obras de Piaget e Vygotsy, veremos a construção da noção de espaço pelo aluno envolvendo as capacidades e habilidades das crianças e sua evolução nessa noção, necessárias ao estudo da geografia em todas as etapas do ensino fundamental e no ensino médio.

No capítulo 3, abordaremos a necessidade de se entender o espaço em que vivemos para trabalhá-lo de forma significativa com nossos alunos.

O capítulo 4 segue com a descrição de uma experiência prática, a qual, embora realizada com alunos da educação infantil, pode ser a base de entendimento de como se dá esse processo na adolescência, mostra como a noção de espaço se constrói na criança por meio de atividades práticas em escolas em diferentes contextos, ou seja, as atividades foram realizadas por grupos de crianças que vivem em meios totalmente distintos e como essa vivência interfere nessa construção da noção de espaço, atividades estas, sempre fazendo uso de linguagens variadas para amostragem.

No capítulo 5, apresentaremos nossas constatações a respeito da experiência realizada e descrita no capítulo anterior, a fim de considerar meios e possibilidades para que o professor colabore com a formação do aluno no desenvolvimento das noções de espaço ao longo de sua vida escolar.

No capítulo 6, sob um ponto de vista atual da geografia, descreveremos a tendência de viabilizar abordagens históricas e geográficas integradas em relação ao tema de estudo na sala de aula e do como o professor comprometido com os problemas e dificuldades atuais faz a diferença no espaço em que atua.

Por fim, no capítulo 7, contribuiremos com algumas sugestões de atividades práticas para a sala de aula, para que se repense o ensino, a forma de ensinar e de se buscar, concomitantemente uma relação mais significativa entre o professor, o aluno e o conteúdo escolar.

Esperamos que esta obra contribua para a formação continuada que cada professor deve procurar ao longo de sua vida profissional. Que as experiências relatadas possam servir de referência para construção de outras, na sala de aula de cada um de nossos leitores/alunos professores com as devidas adaptações é claro, respeitando a realidade de cada um e desenvolvendo a criatividade dentro da área do conhecimento geográfico. Que a utopia dê lugar para a realidade. Eis o nosso objetivo.

Introdução

As experiências que temos na sala de aula nos levam a procurar novos meios de colocar em prática o processo de ensino-aprendizagem. É o professor quem deve disponibilizar oportunidades e diferentes modos de interação na sala de aula, o educador é quem faz a diferença no que diz respeito ao uso de diferentes linguagens na aula de geografia.

É nesse contexto que surge a preocupação do estudo da construção da noção de espaço na educação infantil e na primeira etapa do ensino fundamental, buscando dar mais significado ao ensino da geografia por meio do uso de linguagens que possibilitem concretizar o estudo do espaço na etapa final do ensino fundamental, sendo basilar para o ensino dessa disciplina em todos os níveis.

A rapidez com que hoje se processa uma informação faz o aluno assumir cada vez mais o papel de investigador eficaz e grande conhecedor da tecnologia na área da comunicação, possibilitando que ele venha para a escola cada vez mais preparado no que diz respeito aos fatos cotidianos.

O que ensinar em geografia e como fazê-lo é uma das problemáticas ligadas à área, cabendo ao professor subsidiar e construir o seu próprio percurso no currículo junto aos alunos.

Um estudo interligado, no qual o aluno participa como agente na formação do espaço geográfico, abre novos caminhos para a observação e para a descrição do quadro natural, social e econômico de uma região. Assim, ocupando o lugar da geografia tradicional, fragmentada em blocos de estudo (geografia física, humana e econômica) e sem relação entre si, a geografia atual estabelece a relação homem-natureza no espaço.

A geografia e o estudo dos espaços na sala de aula devem acontecer de maneira gradativa. O primeiro contato é com a ação: o educando experimenta e vive o espaço, é o espaço vivido. Assim, partindo daquilo que lhe é mais próximo ou concreto, a noção de espaço percebido e concebido vai sendo construída, de forma mais abstrata, não sendo necessário o educando conhecer o lugar para falar ou estudar seus elementos.

Na etapa inicial do ensino fundamental, o trabalho com o lugar envolve noções de orientação e localização, sua representação e um estudo dos elementos que o formam. É importante que o estudante perceba que o lugar não surge pronto e acabado, mas que carrega marcas do tempo, ou seja, o antigo cede espaço para o novo e este constantemente sofre alterações. A compreensão do conceito de tempo e espaço permite perceber melhor o processo de transformação dos lugares e os elementos que o formam.

A geografia busca uma abordagem das noções de espaço, e isso pressupõe compreender o lugar como uma paisagem que ganha significado para os que a vivem e a constroem.

Nesse sentido, a proposta aqui é a de viabilizar o uso de diferentes linguagens na área de geografia combinado como um recurso que servirá de subsídio para desenvolver a situação de ensino-aprendizagem com o objetivo de possibilitar a compreensão de conceitos geográficos na perspectiva de uma formação intelectual e cidadã.

Capítulo 1

O desenvolvimento da aula, que é dirigida pelo professor, o qual tem em suas mãos "peças" fundamentais para realizar plenamente o processo de ensino-aprendizagem, por meio da interação da prática docente e da ação do aluno, pode ter diferentes encaminhamentos. A proposta que aqui fazemos é o uso de diferentes linguagens para a geografia na sala de aula, que não objetivam se tornar receitas, mas, sim, propostas que, aliadas à criatividade do professor, podem constituir importantes sugestões para o desenvolvimento da atividade docente.

A geografia e o uso de diferentes linguagens – uma necessidade para a sala de aula

1.1 A importância da geografia e as suas linguagens

O uso de diferentes linguagens nas aulas de geografia mobiliza uma construção do conhecimento, de forma interdisciplinar e contextualizada, levando o professor a proporcionar momentos da sua aula que encaminhem o aluno a realizar pesquisas, produzir textos, criar maquetes, mapear espaços, ler mapas, desenvolver projetos, fazer exposições, participar de debates, promover campanhas, organizar entrevistas, painéis, jogos, entre outros. De acordo com o planejamento do professor e sob a sua orientação, todas essas atividades podem ser coletivas ou individuais, buscando contribuir para a complementação dos temas predispostos no elenco de conteúdos anuais, deixando claro que a geografia é uma ciência ligada à vida e, portanto, ligada ao cotidiano do aluno.

As linguagens podem se caracterizar como recursos didáticos, e seu uso pelo professor é extremamente importante na atualidade, seja na escola ou em outro ambiente, pois, na condição de mediador do processo de ensino-aprendizagem, permitem melhor aproveitamento e maior interação do aluno com o conhecimento.

O uso de algumas linguagens nessa área do conhecimento já foi incorporado em manuais didáticos como, por exemplo, o uso de livros paradidáticos, filmes, músicas, poesias, mapas, gráficos, imagens, jogos, entre outros, colaborando para melhorar a compreensão e o aprofundamento do conhecimento do espaço geográfico. Porém, cada uma das linguagens apresenta os seus códigos que, necessariamente, precisam ser entendidos pelos professores e pelos alunos para serem melhor aproveitados. Certamente, você, professor que leu as ideias anteriores, diria que nada de novo se apresenta, pois, se já sabemos os conteúdos curriculares, já trabalhamos com cada um deles em turmas diferentes, não precisamos de auxílio de atividades diferenciadas – como o uso de diferentes linguagens – para explicar o conteúdo (conceitos) aos alunos. Mas não é desse tipo de aula que estamos tratando. Estamos nos referindo às competências para fazer do elenco de conteúdos da geografia um conjunto de experiências que levem a uma reflexão problematizada e a uma sistematização conceitual, por exemplo, considerando as vivências dos alunos, ou seja, antes da abordagem teórica, dar sentido problematizado a ela e estabelecer "laços" com aquilo que já se sabe para então produzir ou transformar o conhecimento. Segundo Moretto (2001, p. 29):

> *O professor competente precisa: em primeiro lugar **conhecer bem os conteúdos** pertinentes a sua disciplina, ter habilidades necessárias para **organizar o contexto de aprendizagem**, levar em conta os valores culturais do seu grupo de alunos e ter capacidade de **mobilizar recursos** para abordar a situação complexa de ministrar uma aula. [grifo nosso]

Nesse contexto, vamos rever se realmente conhecer os conteúdos é o início da preparação para a mudança, o que deve consistir em tornar o seu conjunto de conteúdos, para cada um dos níveis escolares, em um conjunto de conteúdos significativos. Há, nesse caso, a necessidade de rever uma prática, que, em alguns casos, deixa o momento de aula cômodo para o professor, que já sabe a "fórmula" de cor, mas que para o aluno é apenas mais um entre tantos outros que já existiram ou estão por vir. Segundo Antunes (1998, p. 42):

> *O papel do novo professor é o de usar a perspectiva de como se dá a aprendizagem, para que usando a ferramenta dos conteúdos postos pelo ambiente e pelo meio social, estimule as diferentes inteligências de seus alunos e os leve a se tornarem aptos a resolver problemas ou, quem, sabe, criar produtos válidos para seu tempo e sua cultura.*

A construção do saber geográfico é uma tarefa que exige não somente conhecimento teórico, mas, sobretudo, o despertar do interesse dos alunos em cada uma das nossas aulas. É fundamental trazer o mundo para a sala de aula e por isso não podemos nos restringir à aula expositiva, leitura do livro didático, memorização de conceitos nem tampouco lançar atividades diversificadas sem planejamento prévio, como se os alunos dessem conta de sistematizar e aprender sozinhos os conteúdos.

1.2 Por que ensinar geografia?[*]

Diante dos múltiplos desafios do futuro, a educação surge como um trunfo indispensável à humanidade na construção dos ideais de paz, liberdade e justiça social.

A necessidade de atualização dos países, diante do dinamismo comercial no contexto da globalização, mostra-nos uma constante reorganização do panorama econômico do planeta, caracterizando países que estão à frente desse processo e outros que ficam à sua periferia. É por isso que a simples descrição do mundo, foco da geografia durante muito tempo, torna-se insignificante, pois a percepção de que é importante compreender o mundo e participar dele se sobrepõe, afinal estamos inseridos nele. Assim a geografia, parte de uma ciência com função meramente descritiva para uma ciência com função de fortalecer politicamente e significativamente a formação do cidadão.

A geografia atual, portanto, faz uso de uma abordagem que objetiva o desenvolvimento da capacidade de reflexão a respeito do mundo em que vivemos, levando em consideração a vivência dos alunos (espaço local), para que, assim, compreendam as relações homem-natureza também em âmbito mundial (espaço global). A partir disso "comparar, explicar, compreender e espacializar as múltiplas relações que diferentes sociedades em épocas variadas estabeleceram e estabelecem com a natureza na construção de seu espaço geográfico" (Brasil, 1997b, p. 39).

As questões sociais fazem parte do objeto de estudo da geografia na perspectiva da transversalidade, o que inclui a aprendizagem de procedimentos e de desenvolvimento de atitudes, fundamentando-se sempre no espaço vivido pelos alunos, pois saber como a realidade local ou, até mesmo, pessoal relaciona-se com o contexto global caracteriza o ensino

---

[*] Este item foi elaborado com base em Santos (2003), disponível no site: <http://www.tede.ufsc.br/teses/PEPS4087.pdf>.

da geografia durante toda a escolaridade, de maneira gradativa e abrangente de forma que ocorra a compreensão e a apreensão do espaço.

Compreender e apreender o espaço. No lugar de uma geografia meramente descritiva, os novos tempos dão lugar a uma geografia que acontece a partir da realidade vivida pelo educando e a sua situação nesse contexto. Desse modo, procuramos garantir hoje, como objeto de estudo, uma análise da forma pela qual o homem se apropria, produz e organiza o seu espaço, ou seja, conceber o espaço associado à existência humana.

Com o mundo globalizado e suas variáveis dinâmicas nas transformações, é necessário que a geografia escolar se aproxime cada vez mais da realidade do educando.

O simples repasse de conteúdos, a mera repetição de fatos e dados, sem levar em consideração o processo pelo qual os fatos e os dados foram formados, não estimulam o educando a questionar ou a encontrar soluções possíveis para os desafios nem incitam os professores à busca de novos conhecimentos.

De acordo com Forquin (1993, p. 72), na escola lidamos basicamente com três tipos de culturas:

1. ***Cultura escolar*** *(seleção arbitrário-cultural do repertório cultural da humanidade): é o conjunto dos conteúdos cognitivos e simbólicos que, selecionados, organizados, normatizados, constitui habitualmente o objeto de uma transmissão deliberada na escola.*

2. ***Cultura da escola*** *(desenvolvida no cotidiano da escola): é o conjunto de saberes e práticas da escola, entendida como um mundo social, que tem suas características de vida próprias, seus ritmos e ritos, sua linguagem.*

3. ***Cultura dos alunos e professores****: é a construída pelos agentes do processo escolar em sua experiência cotidiana, fora da escola,*

> *juntamente com os grupos sociais aos quais pertencem. Assim, a geografia, na escola, é uma construção social e histórica, é um veículo de culturas e do saber sistematizado.* [grifo nosso]

Um dos critérios para a construção do saber geográfico escolar é a sua importância social, a possibilidade de ela contribuir para a formação de cidadãos. Sua presença na escola deve-se à necessidade que os educandos têm de apreender o papel do espaço na prática social cotidiana. A geografia é uma prática social que ocorre na história cotidiana dos homens. O espaço e as percepções sobre ele são construídos nessa prática, ampliando-se para um conjunto crescente de saberes de âmbito universal que devem ser construídos no decurso da formação humana, incluindo a formação escolar. Por isso ela, a geografia, é estudada na escola.

A curiosidade que o ser humano sempre teve acerca do espaço em que vive e o que está além dele (o espaço ainda desconhecido) permeia o processo de sistematização da geografia como ciência ao longo do século XIX, e esse mesmo ser humano, curioso, cada vez mais, independentemente do lugar em vive, trabalha ou estuda, é um cidadão que se relaciona com esse espaço (o mundo) e passa, portanto, a ser estudado também.

A prática pedagógica implementada na área da geografia deve apresentar os diferentes aspectos da abordagem do objeto de estudo, levando os alunos a construírem sua própria concepção e visão de mundo.

A geografia, como ciência física e humana, tem a função de contribuir para o desenvolvimento intelectual, social e afetivo do aluno no seu contexto espacial. Assim se faz necessário que o professor elabore um conjunto de conhecimentos, conceitos, procedimentos e atitudes necessárias à formação ética e científica do aluno.

Com base nesse contexto, os alunos serão capazes de, segundo os Parâmetros Curriculares Nacionais (Brasil, 1997a, p. 121-122):

- Perceber progressivamente sua posição no espaço imediato, local e global.
- Reconhecer na paisagem local e no lugar em que se encontram inseridos, as relações entre as pessoas e as diferentes manifestações da natureza no processo de apropriação e transformação dela pela ação da coletividade.
- Compreender a relação dialética homem/natureza.
- Compreender a correlação entre a paisagem local e outras paisagens, identificando suas relações, interações, problemas e contradições.
- Reconhecer semelhanças e diferenças nos modo como diversos grupos sociais se apropriam da natureza e a transformam pelo trabalho, cultura e lazer.
- Valorizar a importância das relações entre as pessoas e o espaço: as condições de vida, as histórias, as relações afetivas e de identidade com o lugar onde vivem.
- Desenvolver habilidades para fazer leituras de imagens, de dados e de documentos de diferentes fontes de informação, de modo a interpretar, analisar e relacionar informações sobre o espaço geográfico e as diferentes paisagens.
- Aprender a utilizar a linguagem cartográfica para obter informações e representar a espacialidade dos fenômenos geográficos.
- Dominar, no seu cotidiano, os referenciais espaciais de localização, orientação e distância de modo a deslocar-se com autonomia, podendo interpretar e representar graficamente esses conceitos.
- Valorizar o patrimônio sociocultural e respeitar a sociodiversidade reconhecendo-a como um direito dos povos e indivíduos e um elemento de fortalecimento da democracia.
- Reconhecer a importância de uma atitude responsável de cuidado com o meio em que vivem, evitando o desperdício e percebendo os cuidados que se deve ter na preservação e na manutenção da natureza.
- Participar do processo de construção, evolução e conservação do espaço geográfico.

Os objetivos são norteadores de um trabalho, por isso o professor deve ter sempre muito claros os objetivos que se aplicam a cada aula ou a cada atividade planejada.

1.3 Objeto de estudo da geografia*

Conhecemos há muito tempo a geografia incerta de seu objeto e de seus métodos, oscilando entre a geologia e a história. Esses tempos passaram. O que a geografia, em troca do auxílio que ela recebe das outras ciências, pode trazer para o tesouro comum é a aptidão para não dividir o que a natureza juntou, para compreender a correspondência e a correlação dos fatos, seja no meio terrestre que envolve a todos, seja nos meios regionais no qual elas se localizam. Nesse caso, há, sem dúvida, um benefício intelectual que pode se estender a todas as explicações do espírito. Retomando as vias pelas quais a geografia chegou a esclarecer seu objetivo e a fortalecer seus métodos, reconhecemos que ela foi guiada pelo desejo de observar mais diretamente, cada vez mais atentamente, as realidades naturais. Esse método trouxe seus frutos: o essencial é agarrar-se a eles.

A geografia é a ciência dos lugares, e não dos homens, ela se interessa pelos acontecimentos históricos à medida que acentuam e esclarecem, nas regiões em que produzem, as propriedades, as virtualidades que sem eles permaneceriam latentes. A história da Inglaterra é insular, a da França é sacudida entre o mar e o continente, e o dedo da geografia está marcado sobre cada uma delas.

O processo de conhecimento do aluno mediado pelo professor, no qual estão envolvidos de forma interdependente os objetivos, os conteúdos e os métodos, concretizam o ensino da geografia.

* Este item foi elaborado com base em Santos (2003), disponível no site: <http://www.tede.ufsc.br/teses/PEPS4087.pdf>.

Nesse processo, os objetivos devem nortear os conteúdos e os métodos. Os procedimentos são as formas operacionais do método de ensino, são atividades para viabilizar o processo de ensino, tal como ele é concebido teórica e metodologicamente. São formas cujos conteúdos são os encaminhamentos efetivados para o processo de conhecimento do aluno. Nesse contexto, para entender melhor, procedimentos de ensino têm, pois, o sentido de ações, realizadas pelo professor e pelos alunos para atingir os objetivos e os conteúdos, o que corresponde ao entendimento de Libâneo (1993, p. 152): "O procedimento é um detalhe do método, formas específicas da ação docente utilizadas em distintos métodos de ensino."

Ao trabalhar o tema da construção da noção de espaço pelo ser humano desde a primeira fase da vida e a representação que ele faz do espaço em que vive, essa obra pretende analisar e refletir sobre esse tema, verificando as possibilidades de se estabelecer a relação entre teoria e prática pedagógica da área de geografia.

Perceber o espaço é mais do que vê-lo como paisagem estática ou fragmento de paisagem, é mais do que contemplar, é um ato ligado ao existir e aos processos cognitivos.

Além de informação, a escola de hoje deve contribuir para que o aluno visualize a aplicabilidade dos conhecimentos adquiridos. E cabe à geografia o papel de levar o educando, por meio do pensar, a ter ou formar a sua visão de mundo.

As mudanças que vêm ocorrendo no espaço atual criam a necessidade de um novo olhar sobre a realidade, de uma análise que resulte na compreensão dos processos culturais, econômicos e socioespaciais e na construção de outra relação do homem com o meio natural e social.

Assim, o estudo da geografia contribui para a formação de um educando cidadão, na medida em que permitir a ele se apropriar do conhecimento e compreender criticamente sua realidade e suas possibilidades de agir na transformação de um mundo com relações mais justas e solidárias.

Síntese

~ Não basta explicar o mundo, é preciso compreendê-lo e participar do processo evolutivo no qual estamos inseridos. Assim, a geografia assume o papel político, significativo na formação do cidadão.

~ A construção do saber geográfico é uma tarefa que exige não somente conhecimento teórico, mas, sobretudo, o despertar do interesse dos alunos em cada uma das nossas aulas.

~ A busca da vivência do educando com os lugares, de modo que possam construir compreensões novas e mais complexas a seu respeito, faz parte da abordagem geográfica atual, visando, desse modo, ao desenvolvimento da capacidade de refletir sobre diferentes aspectos da realidade, compreendendo a relação homem-natureza.

~ Um dos critérios para a construção do saber geográfico escolar é a sua importância social, a possibilidade de ela contribuir para a formação de cidadãos.

~ Perceber o espaço é mais do que vê-lo como paisagem estática ou fragmento de paisagem, e mais do que contemplar, é um ato ligado ao existir e aos processos cognitivos.

Atividades de autoavaliação

1. O processo de conhecimento do aluno mediado pelo professor, no qual estão envolvidos de forma interdependente, os _____, os _____ e os _____ concretizam o processo de ensino-aprendizagem.
   As lacunas anteriores podem ser preenchidas respectivamente por:
   a) alunos, professores, conhecimentos.
   b) ritos, projetos, planejamentos.
   c) objetivos, conteúdos, métodos.
   d) currículos, resultados, conteúdos.

2. De acordo com Forquin (1993), na escola trabalhamos com três tipos de culturas. Nesse contexto relacione a segunda coluna de acordo com a primeira:

(1) Cultura escolar

(2) Cultura da escola

(3) Cultura dos alunos e professores:

( ) é a construída pelos agentes do processo escolar em sua experiência cotidiana, fora da escola, juntamente com os grupos sociais aos quais pertencem. Alunos e professores de diferentes meios sociais chegam à escola portando certas características culturais que influenciam na maneira como respondem às solicitações e exigências inerentes à situação de escolarização.

( ) (seleção arbitrária do repertório cultural da humanidade): é o conjunto dos conteúdos cognitivos e simbólicos que, organizados, normatizados constitui habitualmente o objeto de uma transmissão deliberada na escola.

( ) desenvolvida no cotidiano da escola: é o conjunto de saberes e práticas da escola entendida como um mundo social que tem suas características de vida próprias, seus ritmos e seus ritos, sua linguagem.

Marque a alternativa que corresponde à sequência encontrada:
a) 3, 2, 1.
b) 2, 3, 1.
c) 3, 1, 2.
d) 1, 2, 3.

3. A respeito do uso das diferentes linguagens da geografia em sala de aula classifique as afirmativas a seguir em (V) verdadeiras ou (F) falsas.

( ) Em sala de aula o conhecimento geográfico acontece por meio das diferentes linguagens que devem ser aliadas a uma prática funcional e significativa ao aluno, considerando que a geografia é uma ciência que deve estar relacionada à vida.

( ) É importante que o professor priorize o técnicas coletivas em sala de aula quando estiver colocando em prática os conhecimentos geográficos, pois as diferentes linguagens visam um trabalho em conjunto já que o trabalho individual não contribui com a construção do conhecimento.

( ) Para que de fato o conhecimento geográfico aconteça é fundamental que o professor faça uso das diferentes linguagens, mesmo que não conheça bem o conteúdo com o qual irá trabalhar. A prioridade neste caso é a diversidade da prática.

( ) Ao elaborar uma aula o professor deve aliar ao seu conhecimento recursos que possam promover a diversidade das diferentes linguagens da geografia. Garantir que a realidade do aluno, bem como experiências e o contexto social em que ele está inserido sejam respeitados.

Marque a alternativa que corresponde com a sequência correta:
a) V, F, F, V.
b) V, F, V, F.
c) F, F, V, V.
d) V, V, F, F.

4. Marque a seguir as alternativas que apresentam elementos que fazem parte do objeto de estudo da geografia: **o espaço**.
   I. tempo
   II. sociedade

III. cultura regional
IV. paisagem

Agora marque a alternativa que corresponde com o que foi apresentado:
a) Somente o item I.
b) Somente os itens II e III.
c) Todos os itens apresentados.
d) Somente os itens III e IV.

5. Marque a alternativa que completa a seguinte afirmação: A construção da noção de espaço pelo aluno está relacionada com a representação que ela faz do espaço _____.
a) partindo sempre do lugar de antes de sua existência.
b) global, iniciando pelo espaço sideral.
c) que ela vive, ou seja, do espaço vivido.
d) independente de onde ele parta.

Atividades de aprendizagem

Questões para reflexão

1. Como ciência humana e física, a geografia tem a função de contribuir para o desenvolvimento intelectual, social e afetivo do aluno no seu contexto espacial. Releia os objetivos propostos para o desenvolvimento dessa ciência e para cada um deles escreva um dos conteúdos curriculares dessa área que suscitam tal desenvolvimento na sala de aula.

2. Toda área do conhecimento, entendida como um conjunto de fatos, conceitos, princípios e métodos próprios, representa um bem cultural. Assim cada um dos conteúdos ensinados possui um valor que necessita ser esclarecido e aceito por professores e alunos. Reflita a respeito da importância da geografia na sala de aula.

Atividades aplicadas: prática

1. Descreva situações de ensino-aprendizagem que evidenciem o papel do professor como mediador desse processo, envolvendo os objetivos, conteúdos e o método adotado.
2. As mudanças que vêm ocorrem no espaço atual criam a necessidade de um novo olhar sobre a realidade. Nesse contexto, selecione uma notícia de algum evento mundial atual (evento físico, social, geopolítico...), analise-o, caracterize-o dentro do espaço geográfico em que ocorreu, identifique as alterações que ele provoca no mundo ou no espaço local e apresente sugestões de amenizar ou fomentar impactos na sociedade.

Capítulo 2

Sabemos que muitas são as teorias relacionadas ao desenvolvimento do ser humano, assim como outras tantas que influenciam a prática pedagógica da educação. No sentido de se compreender melhor as teorias sobre o desenvolvimento do ser humano, alguns autores devem ser lembrados, entre os quais se destaca Jean Piaget, que defende a visão interacionista de desenvolvimento.

A construção da noção de espaço*

Segundo Davis e Oliveira (2005, p. 37-39), Piaget considerou que se estudasse cuidadosa e profundamente a maneira pela qual as crianças constroem as noções fundamentais de conhecimento lógico, tais como as de tempo, espaço, objeto e causalidade, por meio das quais seria possível compreender a gênese e a evolução do conhecimento humano. Ele considerou que a criança possui uma lógica de funcionamento mental que difere qualitativamente da lógica do funcionamento mental do

---

* Este capítulo foi elaborado com base em Santos (2003), disponível no *site*: <http://www.tede.ufsc.br/teses/PEPS4087.pdf>.

adulto. Sua proposta foi investigar **como, por meio de quais mecanismos**, a lógica infantil se transforma em lógica adulta. Nessa investigação, Piaget partiu de uma concepção de desenvolvimento envolvendo um processo contínuo de trocas entre o organismo vivo e o ambiente.

Ainda segundo os mesmos autores (2005), destacamos Piaget como aquele que definiu o desenvolvimento cognitivo, como sendo um processo de equilibrações sucessivas, que embora contínuo, é caracterizado por diversas fases, etapas ou períodos. Cada etapa mostra o momento do desenvolvimento ao longo do qual a criança constrói certas estruturas cognitivas. As etapas concebidas por Piaget são: a sensoriana, a pré-operatória, a operatória concreta e a operatório-formal, cada uma com suas características próprias.

Contrapondo a essa teoria, Vygotsky (1994, p. 103) preocupa-se em "resumir as concepções da relação entre desenvolvimento e aprendizagem em três grandes posições teóricas."

A **primeira** posição centra-se no pressuposto de que os processos de desenvolvimento da criança são independentes do aprendizado. Nessa posição, o aprendizado é considerado um processo puramente externo que não está envolvido ativamente no desenvolvimento, isto é, o aprendizado se utiliza dos avanços do desenvolvimento, em vez de fornecer um impulso para modificar o seu curso. Essa abordagem se baseia na premissa de que o aprendizado segue a trilha do desenvolvimento e de que o desenvolvimento sempre se adianta ao aprendizado, excluindo, portanto, a noção de que o aprendizado pode ter um papel no curso do desenvolvimento ou maturação daquelas funções ativadas durante o próprio processo de aprendizado.

A **segunda** posição teórica é aquela que postula que o aprendizado é desenvolvimento.

A **terceira** posição teórica tenta superar os extremos das outras duas, simplesmente combinando-as. Segundo Davis e Oliveira (2005), a teoria de Koffka exemplifica essa abordagem quando diz que o desenvolvimento se baseia em dois processos diferentes onde cada um influencia o outro. De um lado a maturação, que depende diretamente do desenvolvimento do sistema nervoso; de outro, o aprendizado, que em si mesmo também é um processo de desenvolvimento. Essa teoria apresenta três aspectos novos:

1. combinação de dois pontos de vista aparentemente opostos, cada um dos quais tem sido encontrado separadamente na história da ciência;
2. os dois processos que constituem o desenvolvimento são interagentes e mutuamente dependentes;
3. o terceiro e mais importante aspecto novo dessa teoria é o amplo papel que ele atribui ao aprendizado no desenvolvimento da criança.

Podemos perceber que o desenvolvimento do ser humano, de acordo com as posições teóricas expostas anteriormente, é ponto de consenso para o estudo de como se processa a sua capacidade cognitiva, caracterizando assim, um caminho para entendermos como o nosso aluno aprende.

2.1 Capacidades e habilidades da criança e o meio em que vive

De acordo com Thorndike (1914), citado por Vygotsky (1994, p. 107), teóricos em psicologia e educação acreditam que toda aquisição de uma resposta em particular, aumenta diretamente e, em igual medida, a capacidade global. Os professores acreditavam e agiam com base na teoria de que a mente é um conjunto de capacidades – poder de observação, atenção, memória, pensamento e assim por diante – e que qualquer melhora em alguma capacidade específica do indivíduo, resulta numa melhora geral de todas as capacidades. Costuma-se dizer que as expressões *precisão, esperteza, capacidade de raciocínio, memória, poder de observação, atenção, concentração* e outras denotam capacidades fundamentais reais que variam de acordo com o material com o qual operam. Logo, se alguém aprende a fazer bem uma única coisa, também será capaz de fazer bem outras que necessariamente precisem ter relação com resultado de alguma conexão secreta efetivada anteriormente. Assume-se que as capacidades mentais funcionam independentemente do material com que eles operam, e que o desenvolvimento de uma capacidade promove o desenvolvimento de outras.

Esse ponto de vista recebeu oposição do próprio Thorndike, citado por Vygotsky (1994), o qual mostrou, por meio de estudos, que formas particulares de atividade dependem do domínio de habilidades específicas e do material necessário para o desempenho daquela tarefa em particular. Afirmando com isso que o desenvolvimento de uma capacidade específica raramente significa o desenvolvimento de outras e complementa, dizendo que a especialização nas capacidades é ainda muito maior do que a observação superficial poderia indicar. Essa pesquisa mostra que, segundo Vygotsky (1994, p. 108):

> *a mente humana não é uma rede complexa de capacidades gerais como observação, atenção, memória, julgamento, etc., mas um conjunto de capacidades específicas, cada uma das quais, de alguma forma, independe das outras e se desenvolve independentemente. O aprendizado é mais do que aquisição de capacidade para pensar sobre várias coisas. O aprendizado não altera a capacidade global de focalizar a atenção; ao invés disso, desenvolve várias capacidades de focalizar a atenção sobre várias coisas.*

Citado por Davis e Oliveira (2005, p. 49-56), Vygotsky defende a ideia da contínua interação entre as mutáveis condições sociais e a base biológica do comportamento humano. Partindo de estruturas elementares, determinadas basicamente pela maturação, formam-se novas e mais complexas funções mentais, a depender da natureza das experiências sociais a que as crianças se acham expostas. A forma como a fala é utilizada na interação social com adultos e colegas mais velhos desempenha um papel importante na formação e na organização do pensamento complexo e abstrato individual. Assim, o pensamento da criança, amplamente guiado pela fala e pelo comportamento dos mais experientes, gradativamente adquire a capacidade de se autorregular.

De acordo com essas considerações, analisamos o desenvolvimento da aprendizagem, afirmando que tanto Piaget (1995) como Vygotsky (1994) concebem a criança como um ser ativo, atento, que constantemente cria hipóteses sobre o seu ambiente. Há, entretanto, grandes diferenças na maneira de conceber o processo de desenvolvimento. Essas diferenças se referem:

- ~ **Ao papel dos fatores externos e internos no desenvolvimento** – Piaget (1995) privilegia a maturação biológica, por aceitar que os fatores internos preponderam sobre os externos.
- ~ **À construção real** – Para Piaget (1995), os conhecimentos são elaborados espontaneamente pela criança de acordo com o estágio de desenvolvimento em que esta se encontra. A visão particular e peculiar que a criança tem e mantém sobre o mundo vai, progressivamente, ao longo de seu desenvolvimento, aproximando-se da concepção que o adulto tem do mundo, ou seja, uma concepção que cada vez mais torna-se socializada e objetiva. Para Vygotsky (1994), a criança já nasce num mundo social e, desde o nascimento, vai formando uma visão desse mundo por meio da interação com adultos ou crianças mais experientes.
- ~ **Ao papel da aprendizagem** – Segundo Piaget (1995), a aprendizagem subordina-se ao desenvolvimento e tem pouco impacto sobre ele. Com isso ele minimiza o papel da interação social. Vygotsky (1994) postula que desenvolvimento e aprendizagem são processos que se influenciam reciprocamente.

~ **Ao papel da linguagem no desenvolvimento e à relação entre linguagem e pensamento** – Para Piaget (1995), o pensamento aparece antes da linguagem. A formação do pensamento depende, basicamente, da coordenação dos esquemas sensoriomotores não da linguagem. Esta só pode ocorrer depois que a criança já alcançou um determinado nível de habilidades mentais, subordinados, pois, aos processos de pensamento. Já na concepção de Vygotsky (1994), pensamento e linguagem são processos interdependentes desde o início da vida. A aquisição da linguagem pela criança modifica suas funções mentais superiores, dando uma forma definida ao pensamento, possibilitando o aparecimento da imaginação, o uso da memória e o planejamento da ação.

Almeida e Passini (1999, p. 9), tratando do ensino e da representação do espaço geográfico, concordam com Piaget, quando consideraram que a criança possui uma lógica de funcionamento mental que difere qualitativamente da lógica do funcionamento mental do adulto, destacando que as crianças nem sempre compreendem os conceitos espaciais usados pelos adultos, principalmente aqueles emitidos na escola.

2.2 Evolução da noção de espaço

Ao analisar a criança e as relações espaciais e como acontece a evolução da noção de espaço, verificamos que a psicogênese dessa noção passa por níveis próprios da evolução geral da criança na construção do conhecimento: do vivido ao percebido e deste ao concebido.

O espaço vivido refere-se ao espaço físico, vivenciado por meio do movimento e do deslocamento. É apreendido pela criança por meio de brincadeiras ou de outras formas de percorrê-lo, delimitá-lo ou organizá-lo segundo seus interesses.

Neste ponto, é oportuno retomar que Vygotsky, Luria e Leontiev (1988, p. 125) enfatizam a importância da brincadeira nessa fase da educação. Diz Leontiev que o brinquedo é caracterizado pelo fato de seu alvo residir no próprio processo, e não no resultado da ação. Para uma criança que está brincando com cubos de madeira, por exemplo, o alvo da brincadeira não consiste em construir uma estrutura, mas em fazer, isto é, no conteúdo da própria ação.

Complementam Almeida e Passini (1999, p. 30), ao trabalharem o espaço corporal e a sua tomada de consciência pela criança, que tudo leva a crer que esta limita o espaço de suas brincadeiras para poder mantê-lo em dimensões que lhe sejam apreensíveis. Nesse sentido, as crianças em idade escolar preferem brincadeiras que limitam a parte do pátio da escola por que não conseguem ocupar espaço tão grande. Na realidade não conseguem concebê-lo para organizá-lo.

O espaço representa para a criança um mundo quase impenetrável, o qual vai conquistando aos poucos, à medida que for atingindo alterações quantitativas de sua percepção espacial e uma consequente transformação qualitativa em sua concepção de espaço.

Verificando-se, por exemplo, a teoria do desenvolvimento cognitivo vista por Vygotsky (1994), a qual privilegia a apropriação ativa do conhecimento disponível na sociedade em que a criança vive, e o pouco peso que a teoria piagetiana atribui à interação social, é oportuno questionar como as etapas do desenvolvimento cognitivo poderão contribuir para o funcionamento mental da criança e a sua concepção de espaço.

Piaget e Inhelder (1993, p. 17) dizem que a grande dificuldade da análise psicogenética do espaço, refere-se ao fato de a construção progressiva das relações espaciais prosseguir em dois planos bem distintos: o plano perceptivo ou sensório motor e o plano representativo ou intelectual. Desde o início da existência constrói-se, efetivamente, um espaço sensório-motor ligado, ao mesmo tempo, aos progressos da percepção e da motricidade e cujo desenvolvimento adquire uma grande extensão até o momento da aparição simultânea da linguagem e da representação figurada.

Com relação ao espaço representativo, este coincide com o da imagem e do pensamento intuitivo, contemporâneos da aparição da linguagem.

As primeiras relações espaciais que a criança estabelece, segundo Almeida e Passini (1999, p. 31), são as chamadas *relações espaciais topológicas elementares*, que se estabelecem num espaço próximo, usando referenciais elementares, como: dentro, fora, longe, perto, na frente, atrás etc.

No plano perceptivo, as relações se processam na seguinte ordem:

~ de vizinhança: a boneca ao lado da bola;
~ de separação: a porta e a janela da sala de aula estão juntas na mesma parede, mas separadas;
~ de ordem: primeiro localiza-se a porta, no meio, a parede e depois a janela;
~ de envolvimento: a porta e a janela estão na mesma parede, em outras dimensões estão os objetos e o mobiliário que está dentro da sala de aula.

O espaço é contínuo, não havendo a possibilidade de ausência de espaço. As localizações são contínuas e o espaço forma um todo.

O pensamento intuitivo, característico da criança a partir dos 4 anos até aproximadamente os 7 anos, assenta-se sobre a aparência dos fenômenos, isto é, sobre aquilo que a criança percebe ou que parece estar acontecendo. Piaget (1995) enfatiza que isso ocorre em toda a situação de aprendizagem que a criança realiza em seu meio. Esse processo também se realiza na construção da noção de espaço, quando dá conta de que o juízo que faz da localização dos objetos por meio de seus referenciais especiais, muitas vezes, não confere com o que acontece. Dessa forma, a criança começa a notar que esses referenciais não são tão precisos ou suficientes para sua localização, são as relações topológicas.

A criança que partia do uso do seu próprio corpo como referencial para a localização dos objetos começa a perceber que podem ser usados outros referenciais. Ela passa, então, a situar os objetos a partir das relações espaciais entre eles coordenando-os sob diferentes pontos de vista. Chamado de *descentralização*, esse processo consiste na passagem do egocentrismo para a construção de estruturas de conservação que permitem um pensamento mais reversível por parte da criança.

A criança começa a considerar outros elementos para a localização espacial e não apenas sua percepção ou intuição sobre os fenômenos.

As **relações espaciais projetivas** acontecem com o aparecimento da perspectiva que traz uma alteração qualitativa na concepção espacial da criança que passa a conservar a posição dos objetos. Isso ocorre com o surgimento da noção de coordenadas que situam os objetos um em relação aos outros e englobam o lugar do objeto e seu deslocamento em uma mesma estrutura, correspondendo às **relações espaciais euclidianas**. Essas relações permitem situar os objetos e dar orientação de seu deslocamento em função de uma estrutura cujos referencias são independentes desses objetos. Constitui-se, assim, um sistema de referências fixo. A construção da noção desse tipo de espaço se dá simultaneamente à noção do espaço projetivo. As evidências aparecem quando ocorre uma simetria entre razão e proporção.

Considerando que a criança não consegue facilmente separar o mundo exterior de sua representação, a noção de perspectiva permanece por muito tempo inconcebível.

Cabe aqui salientar que as características apresentadas pela criança, em relação à noção de construção do espaço, valem também para os adolescentes. Ao estudar novos espaços ou redescobri-los e, a partir deles, entender as relações que ocorrem no interior de cada um o professor deve solicitar aos estudantes a aplicabilidade e a substituição de noções já construídas, ampliando-as e provocando reflexões.

Trabalhar os conceitos que envolvem espaços relacionando-os sem necessariamente obedecer a uma ordem tradicional talvez seja entendido por alguns professores como um desafio e por outros como algo inconcebível, já que a maioria dos materiais didáticos à disposição ou os escolhidos por ele separa os conceitos de geografia dos lugares, ou seja, separa clima, vegetação, economia e aspectos humanos, por exemplo.

As relações espaciais euclidianas, que compreendem noções de distância, área, equivalência entre o real e a representação, muito utilizadas pelo professor de geografia do ensino fundamental e de ensino médio, devem ser entendidas (no sentido de saber como esse processo se dá no desenvolvimento da noção de espaço pelos adolescentes), também pelo professor, que, ao entender o desenvolvimento desse pensamento pelo adolescente, pode auxiliar no processo de ensino-aprendizagem, criando situações que ajudem os alunos a superar as dificuldades e até prever ações que reestruturem os conteúdos curriculares.

Desse modo, um professor que, ao definir seus objetivos de aula, organiza seus conteúdos e conceitos, conhece seus alunos e pode criar condições para que ocorra de fato uma aprendizagem calcada na alfabetização cartográfica nas aulas de geografia.

Síntese

~ No sentido de se compreender melhor as teorias sobre o desenvolvimento do ser humano, alguns autores devem ser lembrados, entre os quais se destaca Jean Piaget, que defende a visão interacionista de desenvolvimento. Contrapondo a essa teoria, Vygotsky (1994, p. 103), em sua obra *A formação social da mente*, preocupa-se em resumir as concepções da relação entre desenvolvimento e aprendizagem em três grandes posições teóricas.

~ As capacidades mentais funcionam independentemente do material com que elas operam, e que o desenvolvimento de uma capacidade promove o desenvolvimento de outras.

~ O desenvolvimento da aprendizagem afirma que tanto Piaget como Vygotsky concebem a criança como um ser ativo, atento, que constantemente cria hipóteses sobre o seu ambiente.

~ Ao analisar a criança e as relações espaciais e como acontece a evolução da noção de espaço, verificamos que a psicogênese dessa noção passa por níveis próprios da evolução geral da criança na construção do conhecimento: do vivido ao percebido e deste ao concebido.

Atividades de autoavaliação

1. Considerando as teorias sobre o desenvolvimento humano, relacione os autores aos respectivos pensamentos.
   (1) Jean Piaget
   (2) Vygotsky
   ( ) Concepções da relação entre desenvolvimento e aprendizagem em três grandes posições teóricas.
   ( ) Visão interacionista de desenvolvimento.
   ( ) A criança possui uma lógica de funcionamento mental que difere qualitativamente da lógica do funcionamento mental do adulto.
   ( ) Postula que o aprendizado é desenvolvido.

   Marque a alternativa que corresponde à ordem correta:
   a) 2, 1, 1, 2.
   b) 2, 1, 2, 1.
   c) 2, 2, 1, 1.
   d) 1, 1, 2, 2.

2. Assinale a alternativa correta.

Piaget (1995) diz que a grande dificuldade de análise psicogenética do espaço refere-se ao fato de a construção progressiva das relações espaciais acontecer em dois planos bem distintos, que são:
a) Natural e artificial.
b) Local e global.
c) Perceptivo e representativo.
d) Desenvolvido e subdesenvolvido.

3. Desde que nascemos, construímos efetivamente nossa relação com o espaço. Nesse contexto, leia as informações apresentadas nas assertivas que seguem, e marque a alternativa que apresenta a sequência correta:
I. Essa relação ocorre com o aparecimento da noção de perspectiva e conservação da posição dos objetos no espaço.
II. Essa relação permite situar os objetos no espaço e dar orientações de seu deslocamento em função de uma estrutura cujos referenciais são independentes desses objetos.
III. São as primeiras relações que a criança estabelece com o espaço, utilizando-se de referenciais elementares, num espaço próximo

A sequência correta é:
a) Topológicas, projetivas, euclidianas.
b) Euclidianas, topológicas, projetivas.
c) Projetivas, euclidianas, topológicas.
d) Euclidianas, projetivas, topológicas.

4. As noções fundamentais de conhecimento lógico que as crianças constroem se dá por meio das noções de:
I. Tempo.
II. Espaço.

III. Objeto.
IV. Causalidade.

São corretas:
a) Somente a I e II.
b) Apenas a III.
c) Apenas a IV.
d) As noções I, II, III e IV.

5. Assinale a alternativa que completa a frase corretamente:

O espaço corporal e a consciência que o nosso aluno tem do espaço que seu corpo ocupa, caracteriza a necessidade de...
a) que ele se mantenha em dimensões apreensíveis, por isso é limitado por ela.
b) que ele atinja proporções mais amplas possíveis e por meio dele conhecer outros espaços.
c) conhecer novos parâmetros de delimitação do mesmo em cada brincadeira.
d) empregar todos os conhecimentos a respeito do mesmo, para que assim, possa ter uma noção de totalidade.

Atividades de aprendizagem

Questões para reflexão

1. Como você explica a necessidade das crianças em delimitar espaços para que as brincadeiras ocorram?
2. Reflita a respeito do papel do espaço no desenvolvimento cognitivo da criança e posicione-se a esse respeito.

Atividades aplicadas: prática

1. A capacidade de perceber objetos relaciona-se ao desenvolvimento de quem os observa. No desenvolvimento das relações elementares ou topológicas, um mesmo objeto representado de diferentes maneiras é considerado pela criança, um objeto diferente a cada uma das representações, para isso, um trabalho de representação de objetos é importante. Para isso:
   a) Apresente vários objetos (copos, caixas, vasos ...) para seus alunos (cada um escolhe um objeto, sem contar aos outros a sua escolha).
   b) Cada aluno escolhe um ponto de observação do objeto (de frente, de lado, de cima, na vertical...) e faz o desenho do mesmo.
   c) Depois troque os desenhos entre os alunos para que façam a identificação dos objetos desenhados pelos colegas.
   d) Depois, solicite aos alunos que falem da experiência: se fácil ou não identificar os objetos e por que acreditam que isso aconteceu.

Reflexão a respeito da atividade: quando se observa, por exemplo, o desenho de um mapa, muitos alunos não entendem o significado de várias linhas, traçados ou cores apresentados por ele, ou por que um lugar, como o que eles moram, em determinado mapa é representado apenas por um ponto. A linguagem do mapa é a transferência do espaço real para uma representação vista de cima e para que seja compreendida é necessário que o aluno, para chegar a ser um leitor de mapas, seja um aluno mapeador.

2. É possível aprender a respeito de um determinado espaço sem conhecê-lo? Justifique sua resposta e proponha um trabalho para a sala de aula.

Capítulo 3

A preocupação com o tempo e o espaço liga-se ao fato de que todas as pessoas podem ocupar diferentes lugares em um mesmo ou em vários espaços e de que ninguém ocupa um espaço sozinho sempre, pois ele pode ser dividido com outras pessoas.

O estudo do espaço – por que essa preocupação?

A vida atual é dinâmica e o espaço que uma pessoa ocupa hoje pode ser de outra amanhã, daí a importância do conhecimento e da compreensão do lugar que se ocupa no espaço. Esse conhecimento fornece elementos para a conscientização das relações sociais do indivíduo, do papel que ele desempenha nesta sociedade, auxiliando na reflexão sobre a dimensão social e temporal.

Segundo Zamboni (1985, p. 64): "O homem biológico, psíquico e social está em constante mudança; esta mudança é expressa nele próprio, nas transformações que ele faz em seu meio, no espaço em que ocupa, portanto, não há um espaço único, uniforme e igual para todos. Todos são os espaços quanto às criações feitas pelo homem".

A autora argumenta que nem o próprio espaço geográfico é único, pois é mutável. Não existe uma paisagem igual à outra, pois ela está em constante mudança. O conjunto de elementos da natureza – relevo, florestas ou rios, por exemplo, e dos elementos culturais, construídos pelo ser humano – viadutos, prédios, pontes, entre outros – nas suas relações sociais é que promovem essa mudança, tornando-se uma espécie de marca na história do fazer humano e do movimento da sociedade. É importante ultrapassar o concreto aparente da paisagem para chegar ao conhecimento das relações sociais que a construíram, resultando, assim, na percepção do espaço social e consequentemente no espaço econômico, formado pelo tipo de transformações realizadas pelo ser humano, criando espaços agrícolas, urbanos, industriais, comerciais e de serviços, por exemplo.

O espaço social tem sua gênese na organização do espaço econômico e sendo este ocupado, organizado e transformado pelo homem nas suas relações com outros homens e com a natureza, é um espaço histórico.

Ao longo de sua vida, o ser humano percebe o espaço que ocupa de formas diferentes e à medida que essa percepção se aprimora, fica cada vez mais claro qual é o seu papel nesse espaço e no tempo, bem como se aprimora também, a clareza das relações que ocorrem. Com base nesse aspecto, destacamos a importância da escola nesse processo de desenvolver as relações tempo e espaço nos alunos.

Tal como já foi citado anteriormente por Almeida e Passini (1999, p. 31), quando admitem que as primeiras relações espaciais que a criança estabelece são chamadas *relações espaciais topológicas*, Zamboni (1985) também admite dois momentos no domínio da noção de espaço pelo ser humano: no espaço vivido, no espaço percebido.

A sequência de exploração, nos primeiros anos de vida, tem início com a descoberta do próprio corpo, que aos poucos se estende ao espaço ao seu redor. Essa exploração é realizada pela criança por meio dos sentidos. Inicialmente o meio é mais forte que ela, então, precisa aprender a conhecer e dominar, necessitando, para isso, vivenciá-lo. A criança vive o mundo exterior sem diferenciá-lo de si.

Será de fundamental importância oportunizar à criança o uso e o domínio de seu raciocínio, possibilitando o desenvolvimento de sua independência e da criação, imprescindível nos dias de hoje. O que é fácil e evidente para o adulto ou para o professor pode ser visto sob outra ótica pela criança, razão pela qual há de se respeitar as suas tentativas e entender o seu processo de construção espacial.

3.1 O aluno, a noção de espaço e a escola

O aluno só compreende o lugar que ocupa no espaço e o papel que tem no grupo social a que pertence se a escola, no processo de aprendizagem, respeitar e utilizar os seus conhecimentos e suas vivências (Zamboni, 1985).

A análise do espaço construído e organizado por grupos sociais em diferentes momentos da história é iniciada na escola, onde e quando a criança começa a ver além daquilo que ela vê fisicamente, concretamente. Isso significa que a criança poderá ver o seu bairro, por exemplo, não como um conjunto de casas ou de prédios (ver apenas como ele é fisicamente), mas como espaço organizado socialmente (ou seja, compreender por que ele é assim organizado e as relações que nele ocorrem).

Assim, é função da escola oferecer condições para que a criança saia do seu egocentrismo, diferenciando o seu mundo do mundo que a rodeia, conceituando espaço como lugar, diferenciando os tipos de espaços e as relações sociais que nele se desenvolvem, observando, por meio de recursos oferecidos pelos professores (imagens, por exemplo), que os espaços se diferenciam pelos objetos que formam.

Segundo Antunes, Menandro e Paganelli (1999, p. 47), "a construção da noção de espaço pela criança requer uma longa preparação e se realiza por meio da liberação progressiva e gradual do egocentrismo". Trata-se de passar do egocentrismo para a descentralização. A construção se faz por etapas, mas sempre associadas à descentralização e apoiada na coordenação de ações.

As primeiras noções de espaço são adquiridas pela criança por meio dos sentidos e dos movimentos que ela faz em seu dia a dia, tais como rastejar, engatinhar, andar. Esse é um espaço essencialmente de ação – espaço receptivo. É um espaço prático, organizado, estruturado e equilibrado, a partir da ação e do comportamento da criança.

Posteriormente, com a manifestação da ação simbólica, a criança substituiu uma ação ou um objeto por um símbolo que pode ser uma imagem ou uma palavra e com uma função simbólica começa a se constituir na criança o espaço representativo. Nessa época ela já sabe falar sobre os espaços, desenhá-los e descrevê-los.

A princípio, a representação do espaço ocorre por meio da intuição, a dinâmica das ações que vivencia no espaço são assimiladas, mas a forma de reproduzi-las ainda as caracteriza estáticas. A ordenação direta dos objetos aparece na representação, mas quando solicitado a mostrá-lo na ordem inversa ao que foi vivenciado, aparecem as dificuldades, que só serão sanadas na etapa posterior, quando a representação mostra a coordenação dos elementos representados sob diferentes pontos de vista.

Quadro 3.1 — Sistematização das etapas da construção do espaço

Etapas	Características
Espaço perceptivo ou espaço de ação	Primeiras noções de espaço: próximo, dentro, fora, em cima, embaixo. Espaço prático: construção por meio dos sentidos e dos próprios deslocamentos.
Espaço representativo Espaço intuitivo Espaço operatório	Início – com o aparecimento da função simbólica, ou seja, com a capacidade de substituir uma ação por um símbolo ou signo; basicamente com o surgimento da linguagem; Capacidade de interiorizar as ações. Representações estáticas e irreversíveis. Ex.: faz uma ordenação de objetos (ordem direta) mas não consegue representar a inversão (ordem inversa). Representações móveis e reversíveis. Ex.: representa um itinerário de ida e de volta (relação de ordem espacial). Obs.: o desenvolvimento do espaço representativo permite à criança a passagem da ação para a operação.

Fonte: Antunes; Menandro; Paganelli, 1999, p. 48.

A escola por meio de seus professores deve estar atenta e conhecer perfeitamente as etapas de construção do espaço, pois somente dominando-as passa a considerá-las concretamente no trabalho diário com as crianças.

3.2 A noção de espaço por meio de brincadeiras

Zamboni (1985, p. 66) faz sugestões interessantes que podem ser aproveitadas pelos professores no sentido de criar situações de aprofundamento e de ampliação das noções já conhecidas pela criança. Ele aconselha o desenvolvimento das relações topológicas de forma lúdica, por meio de jogos, por exemplo.

Seguem alguns exemplos:

- **Amarelinha/Caçador** – Demarcação do solo por meio do desenho. Proporciona noções de orientação espacial e prepara para a alfabetização cartográfica. Para os alunos adolescentes uma brincadeira que demarca o espaço e dá possibilidades para o professor entender como está se estruturando essa noção é o jogo do "caçador".
- **Bate, bate** – A professora pede que a criança vá até a sala ao lado e bata na parede enquanto outra responde, batendo do outro lado. Nesse momento a criança estará trabalhando noções de fronteira, limites, verificando o limite entre uma sala e outra. Com os alunos adolescentes, essa noção poderá ser trabalhada com a observação dos espaços da escola e os objetos encontrados em cada um deles, levando-os a entender que cada espaço apresenta-se delimitado e que cada objeto pode ser utilizado nos limites do mesmo.
- **Desenho da sala de aula** – A noção de espaço da sala de aula é uma estratégia que pode ser utilizada nas aulas de geografia tanto para a criança quanto para adolescentes, a construção da sala de aula por meio de sucata, que podem vir a ser caixas, pedaços de madeira, massinha de modelar ou outros ajuda o aluno a desenvolver noção de representação espacial.

Para que o aluno entenda, perceba e consiga, por meio da percepção, fazer sua representação, é importante que não só as noções espaciais tenham sido estimuladas e construídas, mas também estejam adequados os processos de aprendizagem e o conteúdo ensinado.

A percepção do espaço que utiliza diariamente, como o caminho que os alunos fazem de sua casa para a escola, por exemplo, deve ter um valor para a orientação no espaço vivido no seu cotidiano, permitindo que o aluno opere dentro do seu ambiente de acordo com um limite desejável.

Para representar um trajeto, da escola para casa, pode ser utilizada uma planta da cidade ou um mapa pictórico que mostra o local onde a escola se situa para ser consultado pelos alunos após retratar o trajeto, por meio do desenho. O aluno poderá modificá-lo, caso queira, depois da investigação realizada.

Poderá ainda deixar espaços em branco nos quais ele poderá prolongar o plano mapeado. Isso significa que a criança poderá imaginar o espaço que ela conhece ir além do limite da imagem (Rufino, 1996, p. 94).

Os piagetianos, conforme declara Boden (1983, p. 53), consideram que no estágio pré-operatório a interação dialética com o ambiente externo é importante para o desenvolvimento da inteligência. Importante também é a crescente coordenação corporal da criança, pois os esquemas sensório-motores, envolvidos no controle do corpo, atuarão como base estrutural para realizações mais intelectuais. Por esta razão, os piagetianos, providenciam para que as crianças de dois a quatro anos e de quatro a sete anos, sejam incentivadas a descobrir e construir por si mesmas as suas concepções. Compreendem também a importância de se favorecer as atividades físicas (contar, atar nós, dançar...) que desenvolvem a noção geral de espaço e tempo pela criança.

De acordo com o que foi exposto até aqui, percebemos que o processo de concepção de espaço pela criança, assim como, sua representação, requer tempo e faz parte do seu desenvolvimento que se inicia com o nascimento, como bem o discute Piaget.

Também é possível dar a devida importância ao brinquedo, quando, retomando Vygotsky, Luria e Leontiev (1988, p. 125) enfatizam a importância da brincadeira nesta fase da educação infantil, destacando o brinquedo é caracterizado pelo fato de seu alvo residir no próprio processo e não no resultado da ação.

A noção de espaço varia do local ao sideral e é percebido por meio da observação e de sua representação, sob a forma de desenho e depois pelo mapa. Do egocentrismo, conforme Piaget e Inhelder (1993), fase que a criança percebe o espaço a partir do seu próprio corpo até a mudança desse ponto de vista. Assim, configura-se a estruturação do espaço em diferentes escalas e dependente da observação que precisa ser rigorosa, detalhista, sistemática e se amplia cada vez mais, podendo ser, em alguns casos, abstrata.

O objetivo principal do professor, ao trabalhar o espaço na sala de aula é instrumentalizar o aluno para a leitura de qualquer espaço, a partir de dados apresentados em diferentes documentos (gráficos, textos, imagens, tabelas...), para então organizar, classificar, analisar e estabelecer relações a partir do seu próprio raciocínio.

Desse modo, solicitar aos alunos que desenhem ou pintem o mapa do seu estado, em escala de 1:45.000.000 (escala em que cada cm representado no papel, equivale a 450 km do espaço real), é tão insignificante quanto solicitar a eles que desenvolvam cálculos de física astronômica, utilizando a unidade de medida "ano-luz", pois não é simples conceber a proporção ou distâncias se elas nunca foram vivenciadas ou construídas por eles.

Portanto, devemos, nós, professores, mediar o que o aluno pode obter de significado, e isso depende do próprio aluno que ao aprender, deve buscar ancorar seu conhecimento prévio com o novo, da metodologia do mediador e do contexto no qual se dá o processo de ensino-aprendizado, mesmo que esse aluno não tenha tido uma base para o desenvolvimento da noção de espaço durante a infância. Por isso, destacamos aqui a importância do professor em conhecer como se dá esse processo de construção do espaço e perceber em que nível encontram-se seus alunos, pois, segundo as teorias de Piaget e Vygostky, desde que nascemos, construímos efetivamente nossa relação com o espaço, e isso ocorre e passa por níveis próprios, que dependem do estímulo que as crianças receberam ao longo da sua vida e da vida escolar. Cabe ao professor, então, ao se disponibilizar ao trabalho com alunos adolescentes, proporcionar momentos que os ajudem a desenvolver essas noções e não apenas as utilizar imaginando que os alunos as dominam plenamente.

Síntese

~ Ninguém ocupa um lugar no espaço geográfico sozinho, o espaço que é de uma pessoa hoje, pode ser de outra depois.

~ O espaço geográfico é mutável, pois as paisagens estão em constante mudança por causa da inter-relação de seus elementos.

~ Os espaços social e econômico são resultantes das relações do ser humano com a natureza e com a própria sociedade.

~ A escola, por meio de seus professores, deve estar atenta e conhecer as etapas de construção da noção de espaço pela criança, pois somente conhecendo-as passa a considerá-las concretamente no cotidiano escolar.

~ A criança, por meio da percepção do espaço em que vive, passa a representá-lo gradativamente, desde que seja estimulada para isso.

Atividades de autoavaliação

1. A importância do conhecimento e compreensão do lugar que se ocupa no espaço geográfico é importante para as pessoas por quê?
   a) Porque conhecer o espaço é identificar seus limites e isso é primordial para a sobrevivência do ser humano.
   b) Porque conhecer o espaço local significa instantaneamente conhecer o espaço global e entender que essa relação desenvolve a noção de escala.
   c) Porque ele fornece elementos para a conscientização das relações sociais do indivíduo e do papel por ele desempenhado na sociedade.

d) Porque o ser humano modifica constantemente o espaço em que vive e precisa conhecer esse novo espaço todos os dias para desenvolver a noção de proporção entre eles.

2. É importante ultrapassar o concreto aparente da paisagem para chegar ao conhecimento das relações sociais que a construíram, por isso o espaço pode ser também social e econômico. Diferencie-os, numerando a segunda coluna de acordo com a primeira.

1. Espaço social   ( ) Criado por meio das relações entre a sociedade e dela com o espaço natural.

( ) Resulta na criação de diferentes formas de organização da sociedade.

2. Espaço econômico   ( ) Pode ser agrícola, industrial ou urbano, por exemplo.

( ) É formado pelo tipo de transformações que o ser humano faz na natureza.

A sequência que preenche a segunda coluna é:
a) 1, 2, 1, 2.
b) 2, 2, 1, 1.
c) 2, 1, 2, 1.
d) 1, 1, 2, 2.

3. A criança vivencia o espaço desde o momento do seu nascimento, mas passa a analisá-lo sistematicamente no ambiente:
a) familiar.
b) escolar.
c) natural.
d) econômico.

4. Para que a criança entenda, perceba e consiga por meio da percepção, fazer sua representação do espaço é importante que não só as noções espaciais tenham sido estimuladas e construídas, mas também estejam adequados os processos de aprendizagem e o conteúdo ensinado. A esse respeito, assinale (V) para as informações verdadeiras e (F) para as falsas.

( ) Para se representar trajetos que a criança realiza em seu cotidiano é importante o uso de plantas do município ou desenhos do espaço em que a escola está inserida para consulta e visualização de totalidade.

( ) Deve-se permitir que a criança deixe espaços em branco em sua representação, onde ela poderá ao longo do tempo prolongar o espaço mapeado para que vá além dos limites que conhece ou até imaginar o restante do espaço que a cerca.

( ) A relação com o espaço em que vive não tem relação com o desenvolvimento da inteligência espacial, por isso o trabalho de representação pode ser efetivamente adiado para as séries finais do ensino fundamental.

A sequência correta é:
a) F, F, V.
b) V, V, F.
c) V, F, V.
d) F, V, F.

5. Ao se trabalhar o espaço local com os alunos, o professor deve objetivar:
a) A instrumentalização do aluno para a leitura e compreensão de qualquer espaço a partir das informações que se tem dele (por meio de dados presentes em gráficos e tabelas, por exemplo).

b) A compreensão da diferentes categorias em que se encaixa, podendo optar em um trabalho com o espaço local e deixar o desenvolvimento da ampliação da noção de espaço para que ocorra naturalmente e de acordo com as potencialidades de cada aluno.

c) O desenvolvimento da noção de escala e suscitar trabalhos que envolvam essa habilidade sem a necessidade de atividades práticas e significativas.

d) Somente a leitura do espaço escrito, ou seja, aquele já representado, desenvolvendo habilidades de leitura e reconhecimento automático das convenções utilizadas no mapa.

Atividades de aprendizagem

Questões para reflexão

1. As crianças, andarilhos, viajantes realizam mentalmente ou geograficamente trajetos de um caminho a seguir e caracterizam a sequência espacial dos objetos. Reflita como essa sequência pode ser relativa e por quê.

2. Organize com seus alunos um painel de desenhos de paisagens de seu bairro e discuta com eles os diferentes pontos de vista do observador das paisagens desenhadas e depois compare com a representação das mesmas e uma planta do município. O que eles têm a dizer a respeito?

Atividades aplicadas: prática

1. Organize com seus alunos um "quebra-cabeças" do mapa do município, do estado e do Brasil. Antes, estabeleça os critérios de separação (subdivisão) das peças de cada um dos mapas – estabeleça com eles noções de vizinhança e de limites entre o espaço que cada uma das peças do quebra-cabeças irá conter.

2. Escolha diferentes cartões-postais do município em que vive e discuta com seus alunos as paisagens que eles representam e qual o objetivo que se tem ao escolher determinada paisagem para um cartão-postal. Feito isso, leve os alunos a caracterizarem os espaços que não aparecem nesses cartões e o porquê disso.

Capítulo 4

Com o objetivo de que você, professor, entenda melhor como a construção da noção de espaço se concretiza na criança, seguem exemplos que são resultado de experiências entre duas escolas localizadas em realidades sociais discrepantes.

Construção da noção de espaço – descrição de uma experiência prática

Portanto, como a finalidade de analisar a criança e as relações espaciais e as formas como acontece a evolução da noção de espaço, foi desenvolvido e aplicado um instrumento de pesquisa, composto de um jogo de exercícios que oportunizou a vivência, o movimento e o deslocamento por meio de brincadeira e outras formas de atividade, cujo objetivo prendeu-se em verificar os limites da organização do espaço pela criança, segundo seus interesses. Foi dada importância aos exercícios rítmicos e psicomotores para que a criança explorasse com o próprio corpo as dimensões e as relações espaciais.

Para satisfazer ao que se objetivou como relação à pesquisa, no sentido de fornecer subsídios de natureza qualitativa para uma apreciação das conceituações, e o estabelecimento de um contraponto da teoria com a prática, a pesquisa foi direcionada às crianças da educação infantil de duas entidades educacionais, sendo uma de uma rede privada, localizada em área central, e outra pública, localizada em uma área de invasão de terrenos, na região de periferia da cidade. Por razões éticas, as instituições educacionais não serão identificadas, passando a denominar-se, para efeitos de análise e comparação de: *Escola A* e *Escola B*, respectivamente.

Considerando que as atividades exigiram vários dias para sua aplicação, o número de crianças envolvidas sofreu uma variação pequena, razão pela qual, antes da análise de cada uma, será informado o número de participantes.

Deve ser dado um destaque especial à participação valiosa por parte do quadro técnico administrativo das escolas, que possibilitou a aplicação da pesquisa.

A pesquisa foi desenvolvida depois de uma análise das propostas curriculares da educação infantil das redes pública e particular, havendo a preocupação de fazer constar tópicos que permitissem colher dados frente ao conhecimento das crianças trabalhadas, partindo do princípio de que a criança não deve ser privada de sua situação infantil, ou seja, das brincadeiras que devem fazer parte do dia a dia. Acreditamos que assim, estarão prontas para uma aprendizagem que ainda está por vir.

Para documentar essa parte da pesquisa, que consideramos de suma importância por proporcionar um contato direto com a realidade, serão anexadas na sequência das descrições de cada uma exemplares do material trabalhado pelas crianças entrevistadas.

Em cada atividade ocorre também a análise dos resultados obtidos, relatando e analisando-as, à luz da teoria.

4.1 Desenho da mão / contorno do corpo / tamanho e proporção de objetos do espaço geográfico

As três atividades tiveram na sua elaboração o embasamento teórico de Almeida e Passini (1999, p. 30). Davis e Oliveira (2005, p. 42) que dizem que:

> O espaço é para a criança um mundo quase impenetrável. Sua conquista ocorre aos poucos, à medida que for atingindo alterações quantitativas de sua percepção espacial e uma consequente transformação qualitativa em sua concepção de espaço. A partir dos 5 até os 7 anos a criança toma gradativamente consciência do seu corpo com suas distintas partes, identificando-as. E, durante esse período, surge lentamente a possibilidade de transferir (projetar para os objetos e outras pessoas o que já foi comprovado em si mesma).

Essas questões estão embasadas em Davis e Oliveira (2005, p. 42), quando consideram que: "brincando as crianças estão sempre se comunicando, construindo e aprendendo, no período ou etapa, pré-operatório (2 a 7 anos), fase onde a criança apresenta um pensamento extremamente dependente da percepção imediata, sofrendo com isso uma série de distorções".

Referindo-se a essa fase de Piaget, damos como exemplo como a uma criança de cerca de cinco anos apresenta dificuldades em considerar iguais dois desenhos se um deles "parecer" maior ou menor que o outro, como se observa na atividade número 3.

Isso significa que para Piaget (1995), a criança na etapa pré-operatória, não tem noção de conservação. Para ela, mudando-se a aparência do tamanho do objeto, muda também a quantidade, o volume, a massa e o peso. As ações nesta etapa, embora internalizadas, não são ainda reversíveis.

4.1.1 Desenho da mão – Atividade 1

Na primeira atividade, "Desenhando a própria mão", as crianças foram motivadas para explorar visualmente a própria mão. Desta forma, antes de realizar o seu contorno, foi solicitado a elas que examinassem e escolhessem a posição da mão que deveriam e gostariam de contornar sobre a folha de papel. Foi permitido que comparassem os contornos entre si, os desenhos que apresentaram contornos (posições) semelhantes foram reunidos e separados novamente por eles e em seguida fixados em um painel.

Por meio dessa atividade, a criança observou as diferentes formas, sem dificuldade, tanto na Escola A (rede particular) quanto na Escola B (rede pública).

Participaram das três primeiras atividades 35 crianças.

Comparando as duas escolas:

Quadro 4.1 - Desenho da mão – análise comparativa

Escola A	Escola B
O traçado não foi tão bom quanto da Escola B, mas as crianças acrescentaram maior número de detalhes e fizeram observações interessantes, tais como: relógio, anel, *band aid*, pulseira, rugas nos dedos e até brincos, fugindo um pouco da realidade. A maioria desenhou a mão completa até o prolongamento do braço. Explorando o desenho, fizeram comentários óbvios, porém interessantes: "tem cinco dedos, tem unha, tem osso por dentro, uma mão é maior que a outra". Dessa última observação as demais crianças discordaram, entretanto o observado não voltou atrás na sua constatação, insistindo que tem uma mão maior que a outra.	Na Escola B, as crianças tiveram uma melhor concepção da forma, apresentando um melhor traçado. Tiveram o cuidado de apagar e refazer várias vezes, buscando a perfeição. Acrescentaram alguns detalhes, entre os quais as unhas e as linhas da mão, presentes praticamente em todos os desenhos. Nenhuma das crianças desenhou adornos nos dedos ou nos pulsos.

É oportuno observar que, teoricamente, as crianças de ambas as escolas tiveram facilidade em realizar a tarefa, entretanto, as diferenças sociais são notadas intensamente pelos adornos que as crianças da Escola A acrescentaram ao desenho. É nessa fase que a criança apresenta um pensamento extremamente dependente da percepção imediata, sofrendo com isso uma série de distorções. Isso fica evidente, no caso da criança que apresentou dificuldade em considerar iguais os dois desenhos, argumentando e acreditando que tem uma mão maior que a outra.

Concordamos com Zamboni (1985, p. 64), quando diz que a sequência de exploração, nos primeiros anos de vida, tem início com a descoberta do próprio corpo, que aos poucos se estende ao espaço ao seu redor. Essa exploração é realizada pela criança por meio dos sentidos. Inicialmente o meio é mais forte que ela, então precisa aprender a conhecê-lo e dominá-lo, necessitando para isso vivenciá-lo. A criança vive o mundo exterior sem diferenciá-lo de si.

A influência do meio, e naturalmente do meio social em que vivem, reflete-se de forma marcante nas concepções infantis. Na Escola A, muitas mãos apresentam-se com unhas vampirescas, tais como os super-homens que povoam os desenhos animados, pontas de dedos enfeitados com borboletinhas, fitinhas e relógios digitais nos pulsos, raios saindo dos dedos... dando conta de um estilo de vida onde os meios de comunicação enriquecem o imaginário infantil. Na Escola B, esses detalhes estão totalmente ausentes, como já foi dito, houve a preocupação como um desenho perfeito. São evidentes nos desenhos, as várias vezes que as crianças usaram a borracha no intuito de torná-lo perfeito.

Figura 4.1 — Amostra de atividades dos alunos

Atividade n.º 1

Que forma tem sua mão?

Olhe bem para sua mão e depois faça o seu contorno no espaço abaixo:

Pensando a atividade para etapas finais do ensino fundamental e para o ensino médio

Essa atividade caracteriza a noção de que o nosso aluno deverá ter ao analisar o espaço geográfico – mais amplo – no decorrer do ensino fundamental e médio e fazer a leitura deste.

Ao realizar a leitura do espaço em que vive, o aluno será requisitado a realizar desenhos e neles colocar detalhes do que vê. Em muitos casos, atividades simples, como a descrita, não surtem o efeito desejado pelo professor (no ensino médio ou nas séries finais do ensino fundamental), como por exemplo, verificar o que o seu aluno entende/vê no espaço em que vive, ou seja, a falta de base de mapeamento, como o espaço da mão, por exemplo, proporcionam dificuldades que depois serão sentidas pelos professores das etapas seguintes, tornando o mapa, um conceito abstrato para o aluno, quando na verdade, não o é.

A noção de espaço contido que o mapa caracteriza pode ser percebida de forma mais significativa com o mapeamento da mão, pois é mais simples perceber que a mão faz parte de um todo, que é o corpo, do que, por exemplo, que o bairro faz parte do espaço mundial. O seu lugar (lugar em que se vive) e os outros fazem parte de um mesmo espaço "maior": o mundo. Dessa forma, os alunos poderão compreender que fazem parte não apenas de um bairro ou de um município, mas, em conjunto com outros lugares e pessoas, do planeta Terra.

4.1.2 Contorno do corpo – Atividade 2

Na segunda atividade com a mesma finalidade anterior, e a participação do mesmo número de crianças, foi colocado no chão da sala de aula, papel em bobina, e solicitado que uma das crianças deitasse sobre ele. As demais, sob o comando da professora, foram convidados para traçar o contorno do corpo com lápis cera enquanto outro grupo procederia o recorte. Depois do desenho recortado, foi colado no quadro de giz e, com auxílio de crianças foram localizados os olhos, a boca, o nariz, os pés, as mãos, os braços e as pernas; explorando nesse momento outras formas geométricas, por exemplo, olhos redondos, nariz em forma de triângulo, boca em forma de semicírculo... O objetivo foi aproveitar o momento para que a criança verificasse a diversidade das formas. Nesse sentido, a professora as orientou para contornar, em folhas avulsas, outros objetos em posições diferentes permitindo a sua visualização em, deitados ou pela lateral. Esse momento foi muito importante porque oportunizou a observação dos objetos e as diferenças entre suas formas quando olhados em posições diferentes, assim como, formas regulares e irregulares.

> Comparando a atividade nas Escolas A e B, podemos dizer que ela foi realizada com bastante facilidade pelas crianças de ambas, mesmo porque a técnica de execução representava a continuidade da anterior e já era conhecida por elas. Considerando-se que as crianças avalizam positivamente a liberdade de expressão e a exploração, a comprovação de forma prática provocou uma verdadeira disputa, pois todos queriam servir de modelo para o desenho, conflito que só foi amenizado quando, conforme o projetado pela professora, esta comunicou que todos participariam da "brincadeira". Neste momento, a criança, experimentou o prazer do sentimento de solidariedade, sem medo de errar ou de se expor. Brincando, como sugerem os especialistas em educação, todos participam contornando, reconhecendo, pintando as partes do corpo, localizando-os de forma criativa, acrescentando, inclusive, detalhes que enriqueceram o trabalho, tais como óculos, pintas no rosto e tipo de cabelo por exemplo.

É oportuno lembrar Antunes, Menandro e Paganelli (1999), quando enfatizam que a construção da noção de espaço pela criança requer uma longa preparação e se realiza por meio da liberação progressiva e gradual do egocentrismo.

O trabalho foi válido como atividade em grupo, ao proporcionar a aquisição das noções de espaço por meio dos sentidos e quando as crianças foram convidadas a contornar outros objetos, em folhas avulsas, tanto as da Escola A quanto as da Escola B realizaram a tarefa com muita facilidade, utilizando objetos do dia a dia, percebendo a diversidade das formas regulares e irregulares, assim como as posições em pé, inclinado, deitado, de lado...

Um fato interessante que ocorreu na Escola A foi no retorno de uma festa de aniversário de uma das crianças do grupo, o qual aconteceu no McDonald's, da qual trouxeram uma caixa com brinquedos. Algumas crianças relacionaram a caixa com o contorno de um quadrado, usando, inclusive, uma das faces como modelo.

Os universos diferentes das crianças pesquisadas limitaram um pouco os modelos da Escola B, favorecendo os da Escola A.

Concordamos com os piagetianos, quando estes providenciam para que as crianças de 2 a 4 anos e de 4 a 7 anos sejam encorajadas pelos professores a realizar experiências com diversos materiais e ajudadas a descobrir e construir por si mesmas as suas concepções.

Figura 4.2 — Amostra de atividades dos alunos

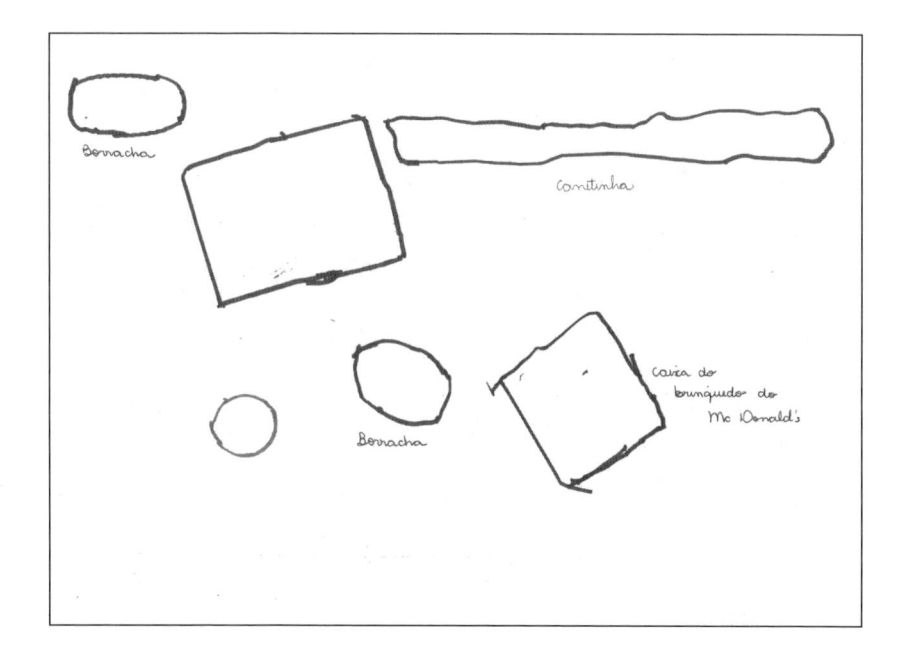

Pensando a atividade para etapas finais do ensino fundamental e para o ensino médio

A posição vertical (olhar de cima para baixo) é a mais apropriada para lermos o mapa. Ver o espaço que nos rodeia dessa posição não é tão simples assim se não costumamos ver esse espaço nessa posição. Atividades de contorno de objetos podem levar o aluno a fazer essa transposição de ponto de vista mais concretamente e entender por que os elementos do espaço em que vivemos são representados por símbolos que muitas vezes não lembram o elemento do ponto de vista que costumamos observá-lo, e sim do ponto de vista de um mapeador.

Sugerimos um trabalho de campo (uma caminhada nos arredores da escola ou dentro do pátio da escola) para desenvolver essa habilidade nas etapas finais do ensino fundamental e para o ensino médio. Nesse trabalho os alunos poderão aprimorar a noção de espaço geográfico e desenvolver a percepção dos lugares. Visualizar e estudar alguns espaços próximos à escola ou mesmo dentro dela oferece oportunidades para trabalhar o a representação desse lugar e a representação de seus elementos.

A representação gráfica – uma forma de comunicação visual – não é utilizada somente em mapas, em nosso cotidiano, deparamo-nos com muitas situações em que ela é utilizada – é quase impossível andar pela cidade ou folhear um jornal ou revistas sem nos defrontarmos com diversos tipos de mapas ou gráficos que necessitam ser "lidos" o para terem significado.

Seja nas placas de sinalização, gráficos em jornais ou na internet – os mapas e gráficos utilizam signos convencionados e para entendê-los e extrair deles todas as informações é preciso que estejamos familiarizados com esse tipo de linguagem e só conseguimos isso, aprendendo a decodificar seus símbolos ou convenções.

4.1.3 Tamanho e proporção de objetos do espaço geográfico – Atividade 3

A terceira atividade tem como objetivo complementar a primeira e a segunda, conduzindo as crianças a perceberem a relação entre elementos quanto ao tamanho e à proporção. Para desenvolver essa atividade, foram apresentados às crianças um grupo de círculos e um grupo de casas, iguais na forma e diferentes no tamanho. As crianças foram convidadas a verificar ambos os grupos e pintar com a mesma cor os objetos que apresentassem o mesmo tamanho.

Por meio dessa atividade, deveriam concluir que tanto os círculos como as casas são figuras que têm a mesma forma, mas tamanhos diferentes.

Comparação com o que ocorreu em cada uma das escolas pesquisadas:

Quadro 4.2 — Tamanho e proporção de objetos — análise comparativa

Escola A	Escola B
Todas as crianças perceberam de imediato as diferenças e semelhanças na atividade com os círculos e também com as casas. Com relação às casas, o detalhe interessante foi que alguns alunos observaram a relação existente entre o número de quadrados que formam os desenhos das três casas, o que, com certeza, facilitou o desenho e a percepção de semelhança entre as três.	Na escola B, a identificação dos círculos foi imediata. Entretanto, foram identificados problemas no desenho e na percepção de semelhanças das casas, constatando-se muita dificuldade de reprodução. Algumas nas colocações das crianças merecem destaque, tais como: "Elas são diferentes", "A primeira é maior, a segunda é média e a terceira é menor", "A terceira é diferente, muito menor, a segunda um pouco mais fechada (mais magrinha) e a primeira é bem gorda", "A primeira é grande, a segunda é quase pequena e a terceira é pequena", "Maior, menor, pequena". Um pequeno número de crianças as identificou como iguais.

Percebemos que cada grupo de crianças tem sua lógica de percepção, na qual fazem sentido suas práticas, suas realidades, suas vivências... O que para as crianças da Escola A foi muito "fácil", para as crianças da Escola B não foi. Assim, destacamos que o as variações nas formas de viver, de habitar, de conviver, assim como, os recursos áudio visuais que são oferecidos no dia a dia, refletem na sua forma de organização espacial.

Ao analisarmos as respostas das crianças da **Escola B**, percebemos que cada uma escolheu uma forma para falar a respeito das casas.

Figura 4.3 — Amostra de atividades dos alunos

b) Observe o desenho e reforce os contornos. Agora, copie o mesmo desenho nas duas caixas em branco, contando os quadrinhos. Pode colorir.

Responda: As três casinhas são iguais?

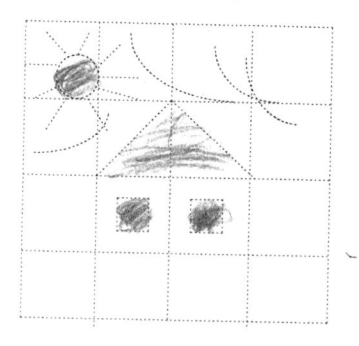

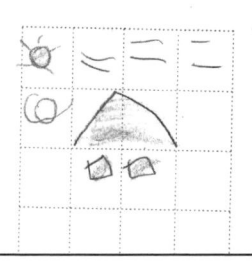

b) Observe o desenho e reforce os contornos. Agora, copie o mesmo desenho nas duas caixas em branco, contando os quadrinhos. Pode colorir.

Responda: As três casinhas são iguais?

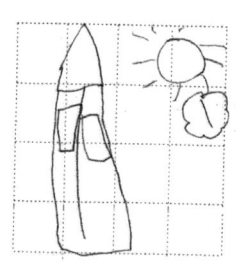

4.2 Mapa do corpo – atividade 4

A atividade 4 tem como título "Mapeando o próprio corpo" e possui como fundamentação teórica Almeida e Passini (1999, p. 46), que escrevem que:

> Ao mapear o próprio corpo, a criança toma consciência da sua estatura, da posição de seus membros, dos lados de seu corpo etc. Ao representá-lo, terá a necessidade de se utilizar de procedimentos de mapeador-generalizar, observar a proporcionalidade, selecionar elementos mais significativos – para que a representação não perca a característica de sua imagem.

Essa atividade está ligada à primeira e à segunda, visto que, da mesma forma, foi distribuído papel em bobina pelo chão e aos pares as crianças se alternavam para fazer o mapa do próprio corpo. Quando as duas crianças já estavam devidamente contornadas no papel, o desafio era identificar as partes do corpo, de forma idêntica à segunda atividade. Da mesma forma as crianças foram motivadas a trabalhar a lateralidade, sendo o contorno do corpo riscado no chão com giz de cera.

O momento foi aproveitado para identificar com as crianças o lado direito e o lado esquerdo do contorno, utilizando ordens de comando, tais como: "Pule no joelho direito; pule no braço esquerdo, pule no pé direito ...".

Essa atividade teve como objetivo a identificação e o espelhamento da lateralidade, visto que, na continuidade de sua aplicação, as crianças, ficando de frente uma para a outra, deveriam perceber que o seu lado esquerdo, por exemplo, é o lado direito do outro.

A atividade descrita foi desenvolvida com a participação de 34 crianças.

A seguir veremos a comparação entre as escolas participantes da pesquisa.

Quadro 4.3 - Mapa do corpo – análise comparativa

Escola A	Escola B
As crianças levaram alguma vantagem sobre as da Escola B, tendo em vista que os ensaios de Natal já envolviam a noção de lateralidade, embora esta não estivesse totalmente concebida. Foi observada também uma leve percepção de contrário. Não apresentaram dificuldades de compreensão durante a atividade. Considerando-se que traçar o contorno dos corpos não representou uma atividade nova, mesmo assim esta motivou os alunos a participarem com entusiasmo.	Na Escola B, os ensaios para o Natal não existiram e a noção de lateralidade foi igualmente inexistente, tanto quanto a noção de espelhamento. Somente uma criança compreendeu o que tinha de fazer e percebeu corretamente o funcionamento da atividade.

Confirmamos assim, no desenvolvimento da atividade, que a construção da noção de espaço pela criança requer uma intensa preparação e é realizada por meio da liberação progressiva e gradual do egocentrismo. A preparação para as atividades na Escola A ocorreu por meio de brincadeiras, o que não aconteceu com as crianças da Escola B, resultando, assim, nas dificuldades constatadas na análise anterior.

O mapeamento a dois proporcionou momentos de integração muito valiosos para as crianças de ambas as escolas, pois elas tiveram a oportunidade de vivenciar o autoconhecimento e o conhecimento dos elementos que compõem o grupo social.

Ficou evidente que essa é uma unidade que deve ser trabalhada pelo professor sem pressa, aproveitando-se todas as atividades que a escola oferece para uma integração, tais como as atividades nas aulas de educação física, de artes, de matemática, entre outras.

Outro objeto de análise é representado pelas diferenças, nas quais as regras mudam de acordo com os padrões culturais e familiares. Conforme Nunes (1997, p. 77), "É importante que as diferenças entre as famílias não sejam escamoteadas nem partam de um modelo cultural pré-concebido como certo ou ideal".

Figura 4.4 – Amostra de atividade

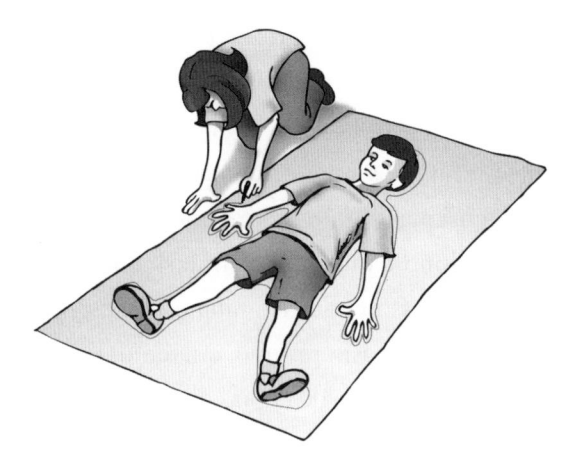

Ilustração: Rafael Ivancheche

4.2.2 Pensando as atividades 3 e 4 para etapas finais do ensino fundamental e para o ensino médio

O elemento do espaço geográfico, quando é mapeado, caracteriza a noção de proporcionalidade. No caso da representação dos continentes, no plano, mostram que as análises que o aluno das etapas do ensino fundamental e médio deveriam dominar resulta em dúvidas quanto ao entendimento da passagem de algo tridimensional (a Terra) para sua representação bidimensional (o mapa do mundo).

Ao preparar o aluno para a tarefa de mapear, desde as etapas iniciais do ensino fundamental, mostramos os caminhos para que torne um leitor consciente da linguagem cartográfica. Assim, mais do que nunca, na tarefa de projetar um determinado espaço no papel (no plano), devemos lembrar-nos de Piaget, que, ao mesmo tempo em que afirma que a criança em idade do pensamento concreto necessita agir para construir conceitos e edificar os conhecimentos, sugere (entendimento nosso – autoras) que se leve o aluno a elaborar mapas para torná-lo um leitor eficaz.

Assim, ao reduzir o espaço estudado, à sua representação, o aluno do ensino fundamental e médio percebe logo a necessidade da proporcionalidade, para que não ocorram distorções ou pelo menos que elas sejam amenizadas.

A dificuldade que citamos anteriormente, de entender a passagem de um espaço tridimensional para o bidimensional, resulta de atividades que são levadas ao aluno e que consistem em pintar mapas ou copiar mapas – tarefa que professores de geografia utilizaram (esperamos que seja passado) nas suas aulas. Em resumo, queremos deixar claro que é a ação de mapear e não por meio de cópias ou pinturas de mapas, que se dá um verdadeiro passo metodológico para o aprendizado de mapas.

A projeção cartográfica (como a do desenho do corpo – feita a dois, na atividade anterior) nada mais é do que o resultado de um conjunto de operações que permite representar no plano os fenômenos que estão dispostos na superfície de uma esfera. Quando vista do espaço sideral, a Terra parece uma esfera perfeita, por isso é representada assim nos globos terrestres. Na cartografia, os cartógrafos ao realizarem a transferência de informações de um espaço como o do planeta Terra, para o plano, deparam-se com o problema da "distorção". Só não há distorção perceptível em representações em escalas suficientemente grande, como é o caso da representação do corpo (escala 1:1) e como é o caso também das plantas, nas quais não é necessário considerar a curvatura da Terra.

O trabalho com escalas e projeções pode ser auxiliado pelo professor de matemática de sua instituição de ensino.

Na prática, para as etapas finais do ensino fundamental e para o ensino médio, sugerimos que se trabalhe com fotografias dos alunos – de corpo inteiro. Cada estudante poderá medir a sua altura real e compará-la com a medida de seu corpo representado na foto – para que a noção de proporção seja estimulada. Além de suas próprias fotos, os alunos poderão observar imagens da escola ou de outros lugares de seu interesse, objetivando que concluam que as escalas nos mapas representam uma relação entre a medida real e a medida representada no papel. Outra sugestão é o trabalho com papel quadriculado, no qual os alunos podem reproduzir uma figura em tamanho maior ou menor que o original. Dessa forma, eles compreenderão que, de acordo com o tamanho, um desenho pode apresentar maior ou menor riqueza de detalhes.

4.3 À procura de um castelo – atividade 5

Para desenvolver essa atividade, denominada *Procurando um castelo*, o apoio técnico foi encontrado em Almeida e Passini (1999, p. 31) e Antunes (1998, p. 51-55): "As primeiras relações espaciais que a criança estabelece são as chamadas *relações espaciais topológicas elementares*, que se estabelecem num espaço próximo, usando referenciais elementares, como: dentro, fora, longe, perto, na frente, atrás [...]" [grifo nosso].

Segundo Antunes (1998, p. 51-55):

> Na construção e representação do espaço, as relações topológicas não consideram as distâncias, as retas nem os ângulos. São as relações de vizinhança, de ordem espacial, de dentro-fora, de contínuo. Nas localizações projetivas iniciais, o ponto de referência é a própria criança. Aos poucos esse ponto se desloca para outras pessoas e objetos e ela consegue situar uns em relação aos outros.

Considerando que as atividades nos ambientes externos à sala de aula sempre são mais bem aceitas pelas crianças, talvez pelo sentimento de liberdade que imprimem, esta foi desenvolvida no pátio, em forma de jogo, com a participação de duas equipes.

Sempre com a participação das crianças, foram colocados símbolos que representavam barreiras a transpor para encontrar o castelo. Em seguida, as crianças foram convidadas a seguir um trajeto predeterminado feito de pistas que as levariam até ele. Foram informados que ganharia o grupo que completasse a maioria das provas.

Colocados e delimitados os símbolos (casa, árvore, banco, muralhas...) de forma a permitir a passagem das crianças entre ou ao lado esquerdo e direito deles, foi dada a partida, sob as ordens da professora, que comandando a brincadeira, ordenava: "Ande para frente até a árvore, vire à esquerda; passe entre as muralhas; dirija-se até a casa que está perto do banco, dê três passos à direita, conte quatro passos e vá beber água, vire à esquerda e, caminhando de lado, dirija-se para a bola, virando-se para a direita volte ao bebedouro, corra para frente e entre no castelo".

O importante era que fossem trabalhadas as relações topológicas: entre, perto, dentro, ao lado; as relações projetivas: para, para trás, em frente, à direita, à esquerda; e as relações euclidianas: tantos passos, deste lugar até aquele, por exemplo.

A atividade foi desenvolvida com 26 crianças.

A proposta objetivou também favorecer a socialização escolar de um modo geral, optando-se por estratégias de trabalho que objetivassem as boas atitudes dentro ou fora da sala de aula.

Sob esse enfoque, as duas escolas apresentaram resultados esperados pelas professoras tendo em vista algumas observações que seguem:

Quadro 4.4 – Procura de um castelo – análise comparativa

Escola A	Escola B
As crianças gostaram da atividade em grupo, mostraram-se receptivas e participativas, favorecendo o alcance do objetivo que a norteou. Durante a atividade prática, não apresentaram dificuldades. Porém no momento do registro, ou seja, quando a atividade foi desenvolvida em forma de desenho em folha avulsa, a falta de domínio completo, em relação ao proposto, não invalidou a atividade, apenas veio confirmar que nem sempre a criança domina totalmente as noções trabalhadas, mesmo as de meios culturais mais favorecidos. Ficou evidente que as relações topológicas: entre, perto, dentro, ao lado; as relações projetivas: para trás, em frente, à esquerda, à direita; e as relações euclidianas: tantos passos, deste lugar até aquele, exigem que a criança aprenda a incorporar esta noção.	Também as crianças da Escola B gostaram da atividade em grupo mostrando-se receptivas e participativas. Os objetivos foram facilmente alcançados na atividade prática, observando-se, entretanto a ausência de domínio total sobre o proposto. A desvantagem desse grupo, com relação ao primeiro, está ligada ao fato de que as crianças desta escola não são alfabetizadas, o que dificultou a segunda parte que representava o registro da primeira. Houve uma parte da professora, um atendimento mais individualizado, para a realização do trabalho, tornando-o válido.

Essa atividade leva a concordar com Almeida e Passini (1999, p. 9), quando dizem que:

> *espaço vivido refere-se ao espaço físico, vivenciado por meio do movimento e do deslocamento; é aprendido pela criança por meio de brincadeiras ou de outras formas de percorrê-lo, delimitá-lo ou organizá-lo segundo seus interesses. Neste ponto, alerta para a importância dos exercícios rítmicos e psicomotores para que a criança explore com o próprio corpo as dimensões e relações espaciais.*

Esse tipo de jogo pode ser utilizado até mesmo no período preparatório de alfabetização, pois, além da orientação espacial, também propicia a discriminação visual, quando se pede que a criança observe, por exemplo, o tamanho, a cor e a forma, por exemplo.

Figura 4.5 - Amostra de atividades dos alunos

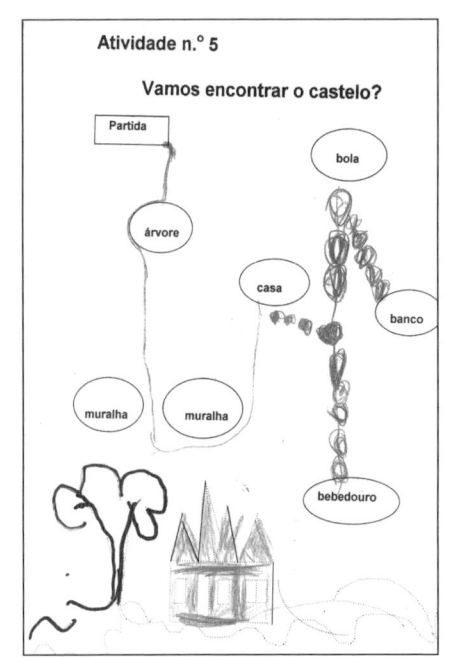

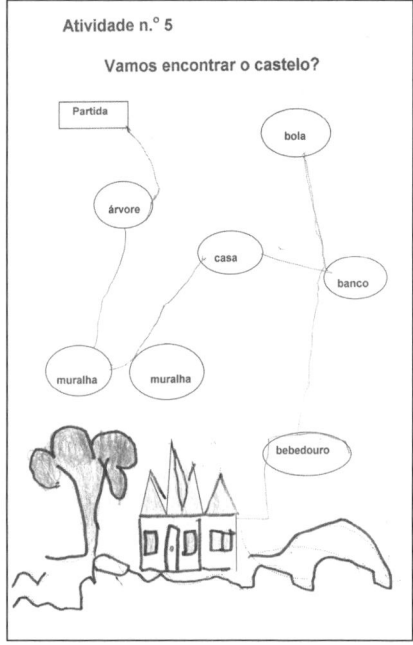

4.4 A caminho da escola – atividade 6

A atividade 6, denominada A *caminho da escola*, que tem como objetivo a identificação das diferentes paisagens ou espaços relacionados com o local em que as crianças moram e o caminho que percorrem até a escola, teve a fundamentação teórica vinda do Rufino (1996, p. 94), quando diz que: "A imagem percebida pela criança, o caminho que ela faz de sua casa para a escola, deve ter um valor para a orientação do espaço vivido do seu cotidiano, permitindo que a criança opere dentro do seu ambiente de acordo com um limite desejável."

Dando início ao desenvolvimento da atividade, a professora solicitou às crianças, com antecedência, que trouxessem de casa recortes de revistas e jornais que pudessem representar os lugares que eles observam quando se dirigem diariamente para escola (aglomerado de prédios, banco, praças, terminal de ônibus, escolas...). Assim, cada criança organizou em um cartaz, o caminho de sua casa para a escola de acordo com a sua concepção e criatividade.

Na sequência, o professor sugeriu que as crianças fizessem um relato da ida e da volta, explicando aos colegas, o trajeto e os espaços por onde passam.

Participaram dessa atividade 25 crianças.

Considerando que as primeiras análises que a criança faz sobre a organização do espaço devem ser bem simples e ligadas ao seu dia a dia, esse momento foi pródigo em confirmar o pressuposto. O espaço vivido no cotidiano reflete a própria vida da criança, ou seja, ela passa a compreender que nesses espaços está presente a sua vida social. Assim, é importante partir das experiências das crianças, representadas pelo trajeto que ela faz todos os dias, para que posteriormente ela entenda as noções complexas sobre o espaço em que vive.

Os trabalhos apresentaram conteúdos surpreendentes que concordam com Paulo Freire (1997, p. 77), quando acredita no que é adquirido e se adquire fora da escola, onde as crianças enriquecem diariamente com suas vivencias e conhecimentos e destaca que a natureza dessas experiências e conhecimentos, varia fortemente segundo o ambiente de onde provem a criança.

Os caminhos percorridos, sugeridos pela atividade em discussão, tanto da Escola A como da Escola B, vem ao encontro do que diz Freire (1997), conforme o que verificamos a seguir:

Quadro 4.5 - Caminho da escola – análise comparativa

Escola A	Escola B
Excelente conscientização e participação As crianças não apresentaram dificuldades em realizar a atividade, lembrando-se dos pontos pelos quais passam com facilidade. Como a maioria vem para a escola de ônibus ou de carro, as crianças dessa escola não têm muita noção de espaço percorrido. Não percebem detalhes como postes, fios de luz, sinaleiros... O trajeto é sempre muito bem desmarcado com relação ao ponto de saída e de chegada, não enxergando em perspectiva. Os edifícios e a decoração natalina da cidade estiveram muito presentes.	Também estas crianças não apresentaram dificuldades, lembrando-se facilmente dos pontos por onde passam. Nos trajetos, a rua está sempre muito bem demarcada, visto que estes percorrem o trajeto a pé de casa para a escola. Em todos os trabalhos nota-se a presença de pequenas casas e esporadicamente um carro ou pessoas nas ruas. As casas são espalhadas e existem muitos espaços vazios.

A realização dessa atividade permitiu que as professoras verificassem que esse tipo de levantamento feito pela criança ajudam-nas a construir o conceito de espaço e de relação. Comparando os dados coletados nas duas escolas, ficou evidente que o acesso a determinados espaços é restrito a certos grupos sociais, logo, as próprias crianças passam a entender que os espaços têm relação com as condições sociais.

Um fato interessante foi verificado com um aluno da Escola B, que declarou para a professora haver no seu trajeto um bar, mas como é muito feio e malcuidado ele achou melhor não o colocar.

Figura 4.6 - Amostra de atividades dos alunos

4.4.2 Pensando as atividades 5 e 6 para etapas finais do ensino fundamental e do ensino médio

Ao nos orientarmos na superfície terrestre, utilizamos as noções de espaço que construímos ao longo da nossa vida, sejam elas feitas pela escola ou simplesmente pela experiência em nosso cotidiano.

O trabalho com roteiros de diversão dentro de parques, folhetos de empresas da construção civil que trazem a localização de um determinado imóvel podem ser usados na sala de aula. Com atividades como essa, os alunos deverão recordar noções de direção já adquiridas nas séries anteriores a que estão.

Sugerimos trabalhar a lateralidade (direita, esquerda, frente e atrás) também nas etapas finais do ensino fundamental e no ensino médio e antes do uso de trajetos como o do parque ou da localização de um imóvel, pedindo que cada aluno cite, em relação a ele mesmo, a posição dos colegas na sala de aula – quem senta à sua direita, à sua esquerda e assim sucessivamente. Depois, que faça a localização dele em relação a objetos que estão na sala de aula e em relação aos seus colegas – a referência que antes era fixa (ele mesmo) agora passa a ser móvel –, outros objetos ou alunos.

É importante não relacionar os pontos cardeais com objetos ou locais da sala de aula, como janela porta ou quadro de giz. O aluno deve saber que a orientação pelo Sol (ou pelos astros) tem por referência as direções em que o Sol ou a Lua surgem (leste) ou desaparecem (oeste) e que essas direções variam ao longo do ano, principalmente nas áreas mais distantes da linha do Equador, mas não mudam de direção (de leste para oeste).

No caso do trabalho com roteiros de parques ou panfletos da construção civil na sala de aula, o professor poderá criar situações problema com o uso destes – traçar o caminho mais curto entre determinadas localidades, traçar rotas alternativas de deslocamento pelo espaço mapeado, citar elementos que são encontrados ao realizar determinados trajetos... Para melhor desenvolver a habilidade de orientação, o professor poderá promover a prática de um determinado deslocamento e seu devido desenho (mapeamento). Localizar a escola em relação à casa dos alunos ou outro ponto qualquer da cidade são atividades importantes para trabalhar essa habilidade.

4.5 Organização da sala de aula - atividade 7

A atividade 7, que explora "A sala de aula", traz para o contexto Zamboni (1985, p. 66), o qual cita sua experiência quando se refere a esse momento na concepção pela criança,

> As relações topológicas, puramente qualitativas, tais como a vizinhança, separação, envolvimento etc., são as primeiras engendradas pela criança e a partir delas é que são estabelecidas simultaneamente as

relações projetivas e euclidianas. O espaço operatório, coerente com todo o desenvolvimento mental, também se apresenta de inicio baseado em estruturas operatórias concretas e depois em estruturas operatórias formais. Para que a criança entenda, perceba e consiga através da percepção, fazer sua representação é importante que não só as noções espaciais tenham sido estimuladas e construídas, mas também estejam adequados os processos de aprendizagem e o conteúdo ensinado.

Essa atividade, realizada em grupos, exigiu que as crianças observassem a sala de aula, identificando os objetos que se encontram no seu interior e estabelecendo sua localização em função dos pontos de referência (mesa da professora, porta, janelas, quadro de giz etc.).

Com matérias diversas e de acordo com a criatividade de cada criança, utilizando-se de uma superfície plana, delimitaram o espaço que representa a planta da sala de aula, colocaram os objetos conservando a posição que ocupam na sala, localizaram seus lugares, a mesa da professora, os armários, o cesto de lixo, entre outros elementos.

Terminada essa parte, a professora procurou explorar os elementos de localização, solicitando que as crianças se posicionassem com relação ao grupo que está ao lado esquerdo, ao lado direito, à frente, atrás, por exemplo.

Num segundo momento, as crianças foram estimuladas a desenhar a planta da sala de aula, com os detalhes encontrados e nas posições correspondentes. Nesse momento, a professora trabalhou as noções de projeção e de representação simbólica. A planta teria uma característica simbólica e pictórica, servindo de ponte entre o espaço real e a sua representação gráfica.

Num terceiro momento, as crianças fizeram a mesma distribuição com seus recursos próprios, ou seja, à livre criatividade, papel, lápis de cor, lápis de cera.

Participaram dessa atividade 26 crianças.

É importante salientar que a atividade trabalhada em grupos oportunizou o desenvolvimento de atitudes de respeito e de dignidade necessárias, para uma melhor convivência.

Considerando que nessa fase a construção e a representação do espaço, assim como as relações topológicas, as crianças ainda não consideram as distâncias, as retas nem os ângulos, mas somente as relações de vizinhança de ordem espacial, de dentro, fora, contínuo, podemos dizer que, de um modo geral, os resultados foram satisfatórios. Segue a comparação entre as escolas participantes da pesquisa:

Quadro 4.6 - Organização da sala de aula – análise comparativa

Escola A	Escola B
Boa participação de todas as crianças. Dois grupos não apresentaram dificuldades, um grupo teve um desempenho regular e outros dois tiveram dificuldades de relacionamento, isto é, não conseguiram entender-se. Recebendo a orientação da professora, atingiram um resultado satisfatório. A localização de cada um dentro da sala foi relativamente fácil, entretanto, como já se previa, a lateralidade ainda não está dominada. Por meio dessa atividade, ficou evidente, com relação à dificuldade de relacionamento, que a criança tem noção do que é certo e do que é errado, resta dar-lhe subsídios para que coloque os seus conhecimentos em prática.	Tiveram maior dificuldade também na reprodução gráfica, mas representaram razoavelmente bem o espaço na sala de aula. Como era de se esperar, a atividade grupal foi mais apreciada, justificando-se assim a necessidade de serem aprofundadas em sala de aula as noções de localização espacial, partindo sempre de experiências concretas e da livre expressão da criança. O detalhe interessante que está representado em todos os desenhos são as carteiras, que se apresentam perfiladas, embora o número não coincida com a realidade.

(continua)

(Quadro 4.6 – conclusão)

Na reprodução gráfica, não conseguiram representar o espaço na sala de aula com tanta facilidade como na atividade prática. A folha fornecida às crianças sugeria a mesa da professora em posição centralizada, o que foi observado por três crianças, verificando que o desenho não estava de acordo com a disposição real, que a colocava no lado esquerdo. A forma da sala motivou algumas posições teóricas levantadas durante debate oral: "É quadrada!"; "Tem duas paredes maiores"; "As paredes têm o mesmo tamanho!" As colocações são relevantes, pois as evidências da sala ser retangular são bem pequenas. Algumas crianças conseguiram representar o número real de carteiras. A árvore de Natal está presente em todas as produções.	O quadro de giz está sempre atrás da professora, que também está presente em todos os trabalhos, apenas uma criança o colocou em outra posição. O que pode ser destacado é a dificuldade de localizar janelas, portas, enfim, objetos que estão na parede, exceto o quadro de giz, que foi uma generalização. As crianças desta escola, conduzidas da mesma forma como as da Escola A, também apresentaram um bom desempenho, com uma participação alegre e bem disputada entre eles.

A criatividade das crianças, tanto na Escola A como na Escola B, foi uma característica marcante nos trabalhos, observados em detalhes, tais como, vasos sobre o armário, quadro de giz com desenhos representando flores e animais, vestes dos bonecos que representam as crianças, cesto de lixo, árvore de Natal etc. O desenvolvimento dessa atividade confirma que nos primeiros anos de vida a criança já tem algum conhecimento de sua localização espaço-temporal, como, por exemplo: vizinhança, distância, dentro e fora, interior e exterior, fronteira, limite, antes e depois; quanto aos objetos ela já diferencia suas formas, coloca-os em ordem sequencial, classifica-os, percebe-os individualmente, mas estabelece poucas relações entre os membros.

Ao pedir que as crianças desenhassem a sua sala de aula, mesmo partindo de uma atividade prática, observamos que todas tentaram representar objetos existentes na sala, mas nem todas perceberam a relação espacial existente entre eles, assim como a noção de proporção. Algumas crianças desenham como se estivessem vendo a sala de cima, outras de frente, ou do lugar que ocupam.

Concluímos que a melhor forma de representação espacial nessa fase é a atividade prática que se utiliza de materiais concretos, ou seja, de sucata.

Figura 4.7 - Amostra de atividades dos alunos

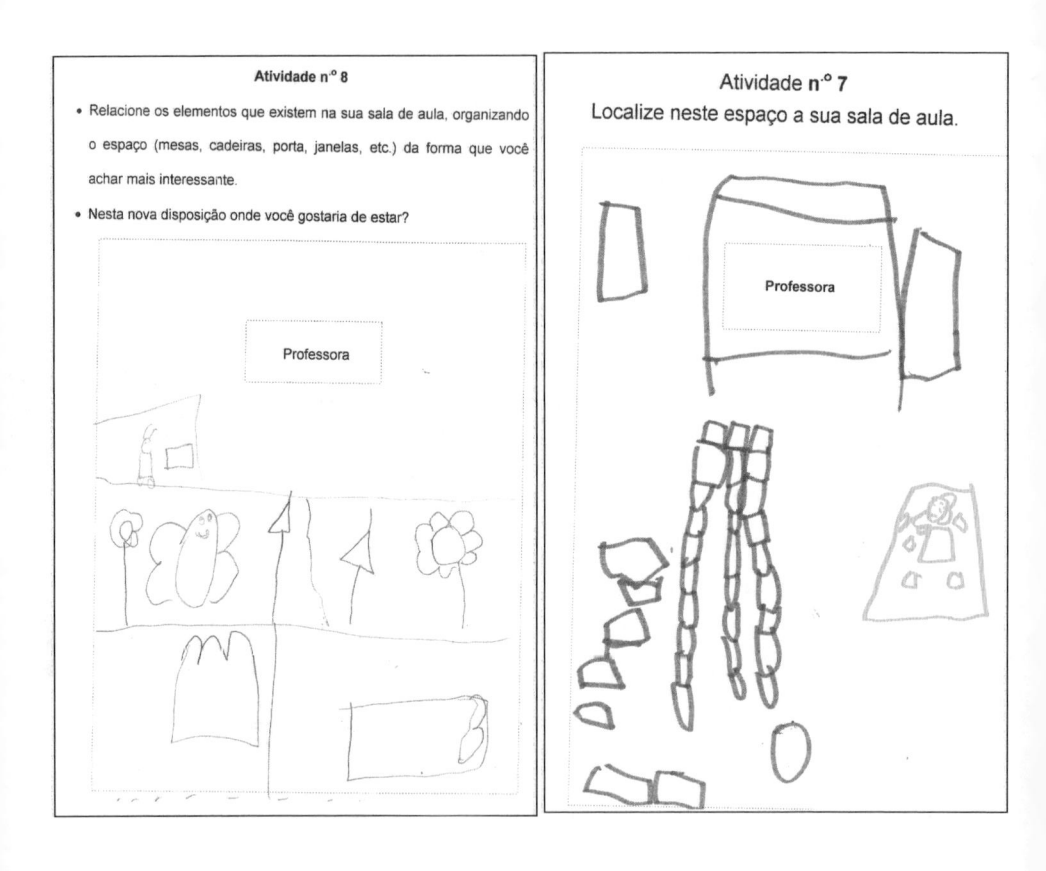

4.6 Organização do espaço da sala de aula – mapeamento – atividade 8

Para desenvolver a atividade 8, "Organizando a minha sala de aula", buscamos em Nunes (1997, p. 80) e Kozel e Filizola (1996, p. 38) o embasamento teórico. Segundo Nunes (1997, p. 80),

> A *análise do espaço construído, organizado pelos grupos sociais e sociedades em diferentes tempos, deve ser trabalhada desde cedo com as crianças. Para que chegue a essa análise deve partir de universos bem simples e próximos; a sala de aula é um exemplo. Propor que façam diferentes arrumações, percebendo novos espaços, formando grupos maiores ou menores ou componentes de grupos onde haja melhor convívio.*

Segundo Kozel e Filizola (1996, p. 38),

> *ampliando os conhecimentos adquiridos, as crianças conseguem trabalhar com espaços cada vez mais distantes e desconhecidos, partindo da sala de aula, para a rua, o bairro, o município, o estado e o país. Diz ainda que considerando o trabalho realizado com maquete, no caso desta sequência de atividades a de n° 7, as crianças estão mais preparadas para compreender a representação bidimensional do espaço, ou seja, a planta ou o mapa.*

Essa atividade complementa a sétima, quando a criança foi convidada para desenhar (folha em branco, lápis preto, lápis de cor etc.) outra forma de organizar seu espaço de sua sala de aula. Poderá usar sua criatividade e desenhá-la da forma como achar mais interessante e onde a única referência será a mesa do professor.

Durante a aplicação dessa atividade, a criança teve a oportunidade de demonstrar as suas preferências e o professor de reunir argumentos que lhe permitam conhecer: a satisfação das crianças com relação ao ambiente de estudos, os benefícios que a troca de lugar pode gerar no aprendizado, como a criança está se relacionando com o grupo, se a criança está satisfeita com a sua localização ou se gostaria de mudá-la e os níveis de satisfação das crianças como um todo. Sabemos que o papel da escola é oferecer condições para que a criança saia do seu egocentrismo, diferenciando do mundo que o rodeia. Dessa forma, a proposta foi encorajar a criança e experimentar o prazer do sentimento de liberdade, sem medo de errar ou de se expor e sendo estimulada a verificar a importância de mudar e de trocar de posição as coisas e aqueles que a rodeiam, estimulando-a a desenvolver a sua capacidade criativa.

Participaram dessa atividade 30 crianças.

Comparativo entre as escolas:

Quadro 4.7 - Mapa da sala de aula: análise comparativa

Escola A	Escola B
Num primeiro momento as crianças mostraram-se muito receptivas e dispostas a realizar a atividade. Embora a representação gráfica ainda seja difícil para as crianças, a possibilidade de mudança motivou-as em imaginar alguns aspectos muito interessantes, como, por exemplo: chão feito de nuvens, de terra e de algodão; a criança no centro da sala e os demais objetos, inclusive a professora, ao seu redor; andar descalço; carteiras empilhadas em um varal para atividades. A demarcação da entrada e da saída da sala de aula e a presença de motivos natalinos em abundância foram uma constante em todas as produções.	De forma semelhante, as crianças desta escola foram motivadas e orientadas à participar desta atividades, onde pudessem mudar tudo conduzidos pelo sentimento de liberdade para fazê-lo. Também apresentaram dificuldades na reprodução gráfica, mas realizando-a dentro de suas possibilidades, destacaram alguns aspectos muito interessantes: uma sala sem carteiras, mas onde tivesse mesa de café da manhã e cama; a presença de um banheiro com destaque para o chuveiro; uma mesa com comida; um quadro só para desenhar; flores; a própria casa dentro da escola; e muitos amigos por perto. Nenhuma criança colocou alguma coisa que lembrasse o Natal.

As evidências são sobejas em demonstrar que a criança realmente traz para a escola condições emocionais, culturais e físicas ligadas às condições reais de vida que se sobrepõem a individualidade, daí a importância de o professor conhecer as experiências sociais e culturais das crianças: o meio em que vivem relações familiares, a educação familiar, motivação e expectativas em relação à escola. Notamos também, na apreciação dos trabalhos, que os aspectos ligados à realidade que envolve o companheirismo, apareceram de forma expressiva.

A realização dessa atividade oportunizou também um momento no qual as crianças puderam expor seus medos, suas realidades e seus anseios.

Figura 4.8 - Amostra de atividades dos alunos

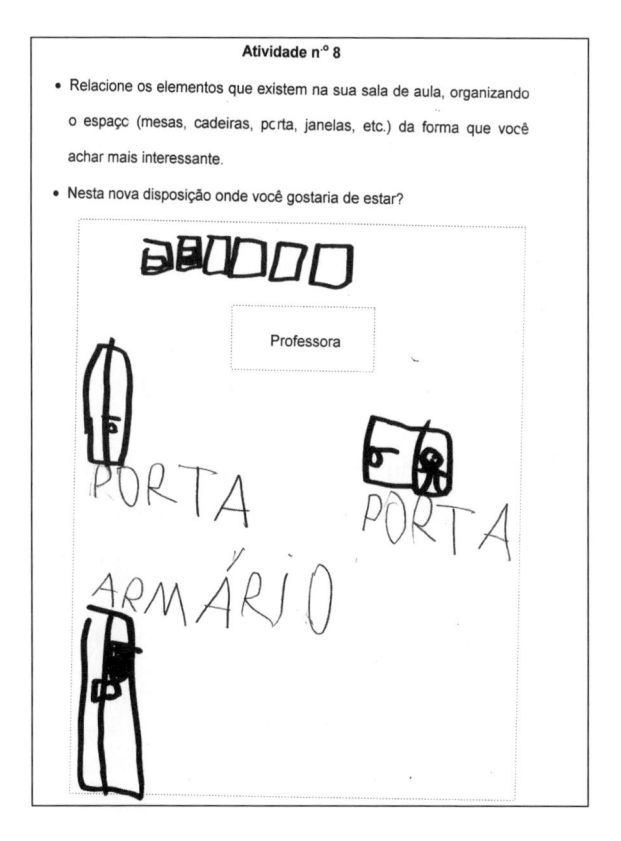

> **Atividade n.º 8**
> - Relacione os elementos que existem na sua sala de aula, organizando o espaço (mesas, cadeiras, porta, janelas, etc.) da forma que você achar mais interessante.
> - Nesta nova disposição onde você gostaria de estar?
>
> [Desenho do aluno com "Professora" indicada]

4.7 Organização do espaço da escola – mapeamento – atividade 9

A atividade 9, "Organizando o espaço da escola", segue a mesma linha das duas anteriores, contando num primeiro momento com o espaço externo da escola e num segundo momento com a sala de aula.

Kozel e Filizola (1996, p. 37) e Antunes, Menandro e Paganelli (1999, p. 47) dão suporte teórico para esta atividade, cujo objetivo é levar a criança a localizar as dependências da escola, identificando suas utilidades, debatendo sobre elas e descobrindo a lógica da organização do espaço.

É a partir da observação do meio mais próximo da criança, da sua localização, representação, é que serão construídos os conceitos que permitirão a criança compreender sua realidade e transformá-la. Aos poucos os níveis de abstração irão se ampliando. Não se pode esquecer a capacidade de observação já existe na criança antes de sal vida escolar e essa experiência acumulada constitui um rico material a ser explorado pelo professor.

Segundo Antunes, Menandro e Paganelli (1999, p. 47),

a construção da noção de espaço pela criança requer uma longa preparação se realiza por meio da liberação progressiva e gradual do egocentrismo. Trata-se de passar do egocentrismo para a descentralização. A construção se faz por etapas, mas sempre associadas à descentralização e apoiada na coordenação de ações.

As primeiras noções de espaço são adquiridas pela criança através dos sentidos do tato, da visão, etc. e também através de seus próprios deslocamentos, tais como, os atos de rodear, rastejar, engatinhar, andar. Esse é um espaço essencialmente de ação – espaço perceptivo. É um espaço pratico, organizado, estruturado e equilibrado, a partir da ação e do comportamento da criança.

Posteriormente, com a manifestação da ação simbólica, a criança substitui uma ação ou um objeto, por um símbolo que pode ser uma imagem ou uma palavra e com a função simbólica começa a se constituir na criança o espaço representativo. Nesta época ela já sabe falar sobre os espaços, desenhá-los e descrevê-los.

Inicialmente, essa representação se faz de forma intuitiva – espaço intuitivo. A criança interioriza as ações espaciais vividas, mas as representações são ainda mais estáticas. Consegue fazer uma ordenação direta mas ainda não consegue representar a ordem inversa.

Na fase posterior, do espaço operatório ou das ações coordenadas, a criança já consegue fazer a inversão, após ter feito uma ordenação, na ordem direta, logo, é capaz de identificar relações de reciprocidade e coordenar diferentes pontos de vista.

Dando início à atividade, a professora realizou com as crianças um pequeno passeio dentro do espaço escolar, orientando-as para que observassem suas instalações, utilidade, serventia além das pessoas que nelas trabalham.

De volta à sala de aula, a professora conduziu uma atividade de desenho, recorte e colagem de símbolos, representando os caminhos, questionando as crianças com relação ao trajeto percorrido de ida e volta. Solicitou então, que colassem as figuras representativas na ordem, sobre uma folha de papel sulfite, complementando com traços simples a critério da criatividade das crianças.

Essas representações feitas pelas crianças permitiram que o professor explorasse melhor o assunto, realizando questionamentos do tipo: "O que bem antes do banheiro?", "O que vem depois da biblioteca?", "O que está mais perto da cantina?" etc.

Essa atividade objetivou a situação da criança no espaço de sua escola, o que foi caracterizado por meio de observações.

Participaram dessa atividade 34 crianças.

Comparativo entre as escolas:

Quadro 4.8 - Mapa da escola – análise comparativa

Escola A	Escola B
As atividades externas sempre são bem recebidas pelas crianças e esta não poderia ser menos atraente, uma vez que representava um passeio pelas dependências que algumas crianças não conheciam. Durante o passeio, uma árvore de cem anos chamou muito a atenção, momento em que a professora aproveitou para explorar da árvore na vida da escola, das crianças, estendendo-se em algumas noções básicas de ecologia. No retorno do passeio, a colocação dos símbolos foi realizada pela professora no quadro de giz e acompanhada pelas crianças nas folhas avulsas que solicitavam a recordação do caminho percorrido. Em seguida, realizaram a tarefa sozinhos, aplicando suas noções e percebendo que a divisão do espaço correspondia à divisão social do trabalho, isto é, existe um espaço para a direção, para os professores, para os serviços de cozinha, limpeza e assim por diante. Os resultados foram muito bens e estiveram de acordo com a expectativa da professora.	Também para as crianças dessa escola a atividade externa foi muito bem aceira e os estudantes participaram de forma muito eficiente. A dificuldade dessa atividade verificou-se no momento de desenhar os símbolos, que não foram fornecidos prontos, tarefa que algumas crianças não conseguiram desempenhar a contento, como também estava previsto. Essa dificuldade foi sobejamente compensada pelo debate oral que demonstrou o bom entendimento das crianças. Destaque especial para os detalhes observados nos desenhos: flores, borboletas, sol e nuvens.

Terminada essa parte da atividade, as professoras discutiram com as crianças sobre as funções de cada funcionário visitado, enfatizando a sua importância para a escola. O caminho inverso também foi explorado em ambas as escolas, mas somente de forma oral.

A importância dessa atividade está em relacionar o prazer das crianças em realizar o passeio e o significado dos espaços que elas assimilaram, compreendendo o seu papel dentro dele.

Figura 4.9 - Amostra de atividades dos alunos

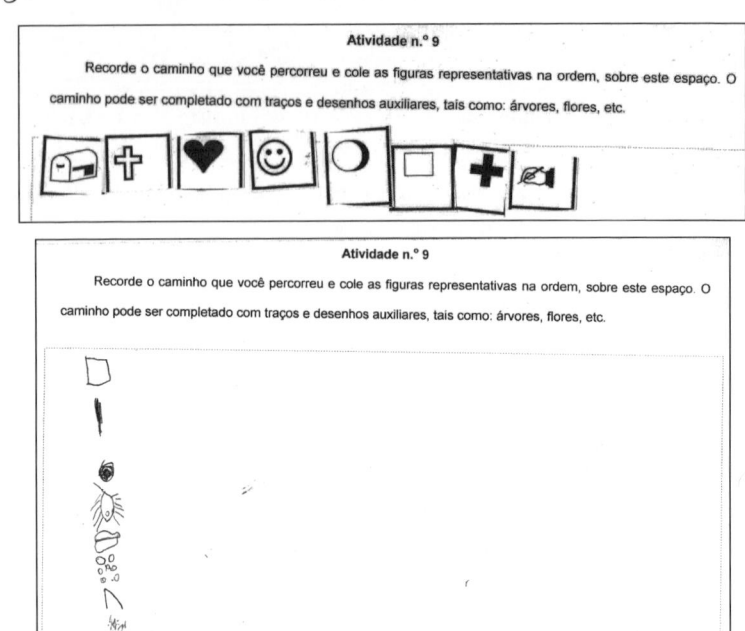

4.8 Organização do espaço nas moradias – mapeamento – atividade 10

Com o mesmo objetivo da atividade 9 e a mesma fundamentação teórica, a atividade 10, "Organização do espaço nas moradias", objetivou que as crianças percebessem a organização espacial de suas moradias; que a arrumação da casa reflete o jeito de ser dos seus moradores; e ainda, que as crianças comecem a perceber que as diferenças refletem as condições sociais dos seus moradores.

Iniciando, o professor incentivou um "bate-papo", abrindo espaço para que as crianças falassem descontraidamente da casa em que moram. Perguntas do tipo: "Como é sua casa?", "De que é feita a construção?", "Quantos cômodos ou peças ela tem?", "Para que serve cada cômodo?", "Quantas pessoas moram nessa casa?", entre outras.

Na sequência, as crianças desenharam livremente suas casas, mostrando como é a distribuição espacial, ou seja, como são distribuídos os cômodos, trocaram os desenhos entre si realizando comparações entre a descrição e a organização das diferentes casas.

Participaram dessa atividade 35 crianças.

A realização dessa atividade evidenciou e confirmou que esse é o espaço do afeto, no qual a criança habita e se constrói relacionando-se com seu primeiro grupo social, a família. Nos desenhos realizados, percebe-se claramente que é nesse espaço que a criança se sente protegida.

Essa questão merece uma análise criteriosa, visto que as diferenças sociais estão representadas nos desenho de forma marcante e encontram-se nos detalhes. Segue a análise comparativa.

Quadro 4.9 – Mapa da casa – análise comparativa

Escola A	Escola B
As plantas das casas da Escola A, identificadas pelos alunos como "mapas da casa", apresentam-se com muitas divisões e geralmente ocupam a maior parte da página, ou a página inteira. Alguns dados interessantes: o número de camas em quantidade coincidente com o número de habitantes da casa, o número de identificação da casa, sofás, flores na janela, TV, geladeira, rádio, pia, quarto de TV; armário no quarto da mãe, banheiro da mãe, sala de jantar, escada interna, sala de cristal, piscina, refeitório, árvore de Natal, chaminé e lareira etc.	As plantas da Escola B apresentam-se igualmente divididas, porém, normalmente em poucas partes, geralmente ocupam uma pequena parte da página. Quando ocupam a página inteira possuem poucas divisões. Os pontos interessantes ficam por conta dos detalhes: poucas camas, um pequeno aposento com um chuveiro (presente em poucos desenhos), casa com dois aposentos sendo que em um deles estão três camas, fogão, armário, a casa como extensão de um bar (Bar do Carlos); vários cômodos amontoados como se fossem várias casas, TV, focos de luz pendurados por um fio, nenhum enfeite, ausência de qualquer detalhe que lembrasse a época de Natal.

Os detalhes evidenciam a grande diferença social, cultural e econômica que existe entre os habitantes da invasão em que se localiza a **Escola B** com os habitantes que residem em bairros privilegiados e frequentam a **Escola A**.

De um modo geral, os alunos participaram da atividade representando as suas realidades, suas casas, dando rumo próprio de acordo com a sua imaginação e com a liberdade na produção. É oportuno que se destaque que a mensagem fundamental explorada, ou seja, a ênfase maior foi dada ao aspecto espaço-casa dentro do seu realismo, ignorando a confusão de perspectivas.

No momento em que os alunos fizeram a comparação das produções foi possível trabalhar as convivências sem criar discriminações e estimulando o respeito e a solidariedade, porque numa sociedade dividida em classes, o espaço também assim estará organizado.

Figura 4.10 — Amostra de atividades dos alunos

4.8.1 Pensando as atividades 7 a 10 para etapas finais do ensino fundamental e para o ensino médio

As atividades descritas priorizam o estudo das formas de representação do espaço geográfico que objetivam desenvolver noções de orientação e localização no espaço terrestre – espaço local ou global, e conhecer e distinguir as diferentes formas de representar os lugares – no caso, a escola, a sala de aula, a moradia. Com base nessas atividades preparatórias o aluno estará apto a reconhecer e utilizar essas representações.

Para as etapas finais do ensino fundamental e para o ensino médio, é importante que o professor dê aos alunos oportunidades de estarem em contato com diferentes tipos de mapas, ao mesmo tempo em que o professor deve oportunizar momentos de desenhos de croquis/mapas simples que resultem de observações de espaços que vivenciam.

No pátio da escola ou na quadra de esportes, os alunos podem ser desafiados a descobrir a localização de alguns objetos (escondidos pelo professor previamente), recebendo pontos de referências ou direções cardeais como dicas. Outra possibilidade é desenhar roteiros de supostas festas ou encontros em locais determinados, levando em consideração os referenciais – direções cardeais ou elementos de referência do próprio espaço geográfico.

O desenvolvimento de habilidades de mapeamento e reconhecimento de lugares por meio de mapas também pode ser realizado por "brincadeiras" propostas pelos próprios alunos. Desafie os alunos a elaborarem um "jogo", do tipo "caça ao tesouro" e a eles mesmos gerenciarem a atividade. Nesse caso, a turma poderá ser divida em grupos e os mesmos podem utilizar a planta da escola ou do bairro para definir o local do tesouro (que deverá ser mantido em sigilo) e o local ou os locais de onde partem os caçadores. Com base nesses dados, os estudantes deverão elaborar instruções, utilizando referenciais do mapa e os pontos de orientação. Depois, os grupos trocam os mapas e as instruções, para que cada equipe procure o tesouro do outro.

A construção da maquete de um dos espaços visitados ou utilizados para as "brincadeiras" anteriores torna-se viável, afinal, depois de conhecer o espaço geográfico, ela irá funcionar como um laboratório para a aula de geografia, por misturar o real com o possível imaginário, trabalhando com o aluno a ideia de que podemos ler o espaço sob vários pontos de vista. É, portanto, recomendável forrar a maquete com um papel (não deve ser colado), e os seus elementos devem ser distribuídos sobre ela e contornados com caneta, para em seguida serem retirados e no papel, usado para forrar a maquete, que deve ser retirado também, temos então o mapa. Depois a construção da maquete prossegue, com a colagem dos elementos.

A partir da maquete e do mapa (forro da maquete) o professor poderá elaborar questões inerentes à forma e organização do espaço geográfico, rompendo assim com a ideia de que a construção de maquetes é apenas um processo lúdico.

Síntese

~ Para a criança na fase pré-operatória, alterando-se a aparência do tamanho do objeto, muda também a quantidade, o volume, a massa e o peso. As ações nessa etapa, embora internalizadas, não são ainda irreversíveis, por isso, há a necessidade de esse trabalho continuar nas etapas finais do ensino fundamental e no ensino médio e nesse sentido, destaca-se a importância do papel do professor da área de geografia.

~ A influência do meio, e naturalmente do meio social em que vivem, reflete-se de forma marcante nas concepções infantis com o desenvolvimento do aluno, percebemos que o meio (espaço) exerce importante papel na continuidade da alfabetização cartográfica do aluno ao longo da sua vida.

~ A construção da noção de espaço pelo aluno requer uma longa preparação e se realiza por meio da liberação progressiva e gradual do egocentrismo. Esse trabalho fica a cargo do professor de geografia ao longo da sua vida escolar – daí vem a importância do professor de geografia conhecer as etapas anteriores à etapa em que o aluno de ensino fundamental (final) e ensino médio se encontra. É dessa forma que o trabalho com o mapa pode se tornar mais significativo para o aluno e menos trabalhoso para o professor.

Atividades de autoavaliação

1. A conquista do espaço pela criança se dá aos poucos, e na etapa pré-operatória (2 a 7 anos) o pensamento está extremamente dependente de:
   a) Experiências que já teve.
   b) Anos que passou na escola.
   c) Educação recebida no ambiente em que vive.
   d) Percepção imediata, ou seja, daquilo que está vendo, sentindo naquele momento.

2. A sequência de exploração do espaço, nos primeiros anos de vida se dá:
   a) Com a descoberta do próprio corpo que aos poucos se estende ao seu redor.
   b) Com a descoberta do espaço em que vive e o espaço que dele ocupa.
   c) Com a análise do espaço mais amplo para o mais restrito.
   d) Com a análise dos objetos que utiliza nas brincadeiras em casa e depois na escola.

3. O espaço vivenciado pelos alunos por meio do movimento e do deslocamento caracteriza:
   a) O espaço cultural.
   b) O espaço econômico.
   c) O espaço físico.
   d) O mapa mental.

4. O espaço vivido no cotidiano reflete a própria vida dos nossos alunos. Sobre esse contexto assinale a atividade que pode contribuir com o desenvolvimento dessa noção:
   a) Análise do mapa do mundo – limites e fronteiras.
   b) Mapeamento da sala de aula.
   c) Contorno da mão.
   d) Desenho de trajetos.

5. Ao estimular os estudantes a desenharem a planta da sala de aula, com os detalhes e elementos que ela apresenta, como são encontrados e nas posições correspondentes são trabalhadas as noções de:
   a) Projeção e de representação simbólica. A planta teria uma característica simbólica e pictórica, servindo de ponte entre o espaço real e a sua representação gráfica.
   b) Separação dos diferentes elementos que formam a sala de aula. A planta teria uma característica ilustrativa para o desenvolvimento da atividade.
   c) Vizinhança. A planta caracteriza a localização da sala de aula em relação aos outros espaços da escola.
   d) Lateralidade. O desenho da planta destaca os elementos que estão à direita e à esquerda da posição da professora na sala de aula.

Atividades de aprendizagem

Questões para reflexão

1. O meio em que vivemos, interfere na construção da noção de espaço?
2. Qual é a melhor forma de construir a representação do espaço pela criança?

Atividades aplicadas: prática

1. Utilize as fontes das experiências apresentadas neste capítulo para melhor compreender a utilização de maquetes e trabalhos práticos nas aulas de geografia.
2. Planeje a construção da representação de um dos espaços da sua escola ou outro espaço do seu município com base em passeios, imagens, entrevistas, bibliografias ou mapas.

Capítulo 5

As constatações das atividades aplicadas demonstram que a socialização das crianças deve ser uma prática cotidiana. Logo, esse é um aspecto que merece ser analisado em toda a vida escolar, pois é muito difícil trabalhar a construção de um espaço que vise à construção de um grupo de seres sociais, quando a sala de aula assume o aspecto de um auditório de individualidades isoladas.

Propostas metodológicas para a construção da noção de espaço pela criança

O cotidiano leva à realização de muitas atividades mecânicas na sala de aula – o corre-corre de planejamentos longos e confusos, de cronogramas apertados ou até mesmo o comodismo – inibe propostas mais ousadas de atividades que levem a resultados mais significativos e inibe, consequentemente, o desenvolvimento do aluno.

A dedicação ao trabalho e o interesse demonstrados pelos alunos na realização dessas atividades foi o ponto alto da realização. A diversidade dos temas e a forma individual com que cada aluno as explorou deixa transparecer a criatividade, as experiências pessoais de vida, as mágoas escondidas e, talvez, os sonhos... Alguns são vibrantes, percebendo-se que o aluno tem consciência da existência do seu espaço na sociedade, pois algo de novidade está sendo apresentado. Outros discorrem suas ideias numa sequência de rabiscos, mas sem muita empolgação; outros ainda as demonstram por meio dos cartazes, das falas, da participação dos debates, mas todos são autores conscientes dos seus valores, revelando que as formas divergentes de condução não interferem na busca do significado e do sentido. Entre as considerações que se julgam importantes, algumas merecem ser destacadas como aquelas que podem ser conseguidas à medida que as práticas vividas demonstrem que elas podem e estão sendo alcançadas.

Segundo Almeida e Passini (1999, p. 11)

> *é na escola que deve ocorrer a aprendizagem espacial voltada para a compreensão das formas pelas quais a sociedade organiza seu espaço, o que será plenamente possível com o uso de representação formais desse espaço. Entretanto o professor de primeiro grau pouco aprende em seu curto de formação que o habilite a desenvolver um programa destinado a levar o aluno a dominar conceitos espaciais e sua representação.*

Com base na autora, nesse primeiro momento considera-se prudente e importante que cada professor procure instruir e se informar sobre o tema que motiva este trabalho e que trata da concepção da noção de espaço pela criança, pois somente assim poderá transmitir segurança àqueles que com ele querem e precisam aprender.

Numa segunda observação, o que a prática da pesquisa de campo, sob a luz da teoria, informou é que nem sempre a percepção de espaço pelo aluno ocorre conforme o delimitam os especialistas, isto é, tal como aprender a ler e escrever representam habilidades que os alunos adquirem de acordo com o seu ritmo próprio, a noção de espaço também tem esse ritmo diferenciado.

Dificilmente uma lição será compreendida ou um projeto será terminado se os alunos não souberem ler e escrever, e dificuldades também surgirão para delimitar o espaço proposto na lição ou projeto. A maneira como esse processo é tratado na sala de aula é importantíssima para o seu desenvolvimento social e intelectual. Nesse momento da vida estão se formando os alicerces para a aquisição do conhecimento, a criança que aprende e que é trabalhada dentro de um processo criterioso, no qual o professor a motiva com relação à preservação e uso efetivo do seu potencial, tem uma visão de um mundo de uma forma crítica, que a levará a pensar sobre os fatos, num espaço determinado e delimitado, tornando-a agente do conhecimento.

Num terceiro momento, a prática permite que se apresentem sugestões com relação ao uso de materiais didáticos e métodos de instrução, e que estes deverão servir para enriquecer as atividades escolares no sentido de possibilitar uma boa aprendizagem. É preciso que se apresente à criança não um simples amontoado de conhecimentos, mas várias coisas que juntas fazem parte do seu espaço histórico. Por isso, o cotidiano e a bagagem do dia a dia das crianças devem ser aproveitados e tomados como ponto de partida.

Ficou sobejamente comprovado, por meio dos estudos feitos nas obras dos diversos autores e comprovados na prática por meio da pesquisa de campo, que a concepção de espaço não deve ser mecânica, sem qualquer significado para a criança, deve, sim, trabalhar atividades práticas que visem a aquisição de conhecimentos novos e a reflexão sobre estes pelas próprias crianças.

É importante reportarmo-nos aos tópicos que evidenciam a motivação do professor, o envolvimento emocional das crianças, as atividades escolares bem exploradas, as situações-problema que desafiam a criança e o professor, o uso adequado de múltiplos meios pedagógicos, o envolvimento da família e a valorização dos conhecimentos e das noções que as crianças já trazem de casa.

Oliveira (1995, p. 22), diz que:

> comete-se um erro de pensar que a "os ensinamentos que ocorrem na escola principiam na sala de aula", e acrescenta que "muitos anos antes de entrar na escola, a criança já vem desenvolvendo hipóteses e construindo um conhecimento sobre o mundo que as matérias "ditas escolares" procuram interpretar.

Num derradeiro momento, consideramos também oportuno destacar o que ficou transparente durante a aplicação das atividades: mesmo apresentando dificuldades, má vontade ou falta de interesse, de qualquer forma, o trabalho realizado pela criança é o produto do que ela tem de melhor. Se o clima foi de descoberta e de apropriação de valores, o trabalho realizado pela criança acaba, simbolicamente, sendo um presente portador de presença, ou seja, um pedaço do aluno, do seu saber, do seu envolvimento emocional que acaba sendo apresentado ao professor, por meio da folha de papel sulfite, da sua forma de debater com o colega, do desenho ou simplesmente da sua fala.

Não é pretensão nossa propor soluções definitivas a um problema que se arrasta há tanto tempo, apenas queremos estabelecer questionamentos, apresentar sugestões colhidas durante pesquisa realizada com as crianças e colocar o seu conceito com relação à percepção espacial, num processo vivencial de compreensão da realidade que rodeia a criança e a sua própria realidade interior; uma leitura do mundo no qual está inserida. Porém, é com muita rapidez, que a escola, a academia e a sociedade impõem a sua necessidade e cada vez mais, ao lermos o nosso espaço, a realidade em que estamos inseridos, percebemos a importância da leitura do espaço global. Esse contexto é sintetizado por Lajolo (1996, p. 5):

> Neste fim de século, vivemos todos, Polo Norte ao Polo Sul da Terra, um processo aparentemente irreversível de globalização, cifrado nas mais diferentes linguagens. A escola precisa ter a capacidade de interagir com todas elas, fazendo-se palco do grande diálogo de linguagens e de códigos que, porque existem na sociedade, precisam estar presentes na escola [...].

Assim, no contexto do século XXI, de forma acelerada, práticas usuais, tradicionais, por exemplo, vão aos poucos recebendo uma nova roupagem e aderindo aos modismos de cada época, assim, o professor de geografia, que desenvolve uma visão de mundo própria dessa ciência, por um lado estará atuando como formador do aluno e por outro, como mediador do processo de formação, interferindo com conhecimento que possui da sua área específica, de suas linguagens, de seus procedimentos, de seus recursos.

De acordo com a pesquisa realizada e descrita no capítulo anterior, notamos que a representação espacial dos lugares está vinculada ao cotidiano em diferentes fases da criança, a qual, aos poucos, apreende as noções de espaço e vinculada também às aulas de geografia em fases posteriores. A representação espacial é, portanto, uma linguagem por excelência, por isso a leitura do espaço surge desde o início da escolaridade, como base instrumental para a compreensão da espacialização dos fenômenos e sua representação, que também é espacial, desse modo concretizam-se determinadas relações entre a criança e o meio em que vive.

Síntese

~ Os conceitos espaciais e as suas representações devem ser o ponto de estudo para professores de ensino fundamental, séries iniciais e finais.

~ A percepção de espaço pela criança é uma habilidade que as mesmas adquirem de acordo com as particularidades de cada criança e a delimitação proposta pelos especialistas caracteriza apenas referenciais para base de estudos.

~ A criança que aprende e que é trabalhada dentro de um processo criterioso, onde o professor atua como motivador do desenvolvimento do seu potencial, cresce desenvolvendo uma visão de mundo mais crítica, tornando-se um agente no processo de produção do conhecimento.

~ A prática do professor permite a ousadia em relação ao uso de materiais e métodos diferenciados no processo de ensino-aprendizagem.

Atividades de autoavaliação

1. É na escola que deve ocorrer a aprendizagem espacial, ou seja, é na escola que a criança deve aprender a ler o espaço e sua representação – o mapa. Esse tipo de aprendizagem objetiva:
    a) Compreender como a sociedade produz e organiza o seu espaço.
    b) Fazer do mapa um instrumento de uso somente no ambiente escolar.
    c) Revelar que o mapa só precisa ser estudado na etapa do ensino Médio.
    d) Dar significado para a etapa de contextualização da aula.

2. Marque V para as alternativas verdadeiras e F para as falsas.

A respeito da construção da noção de espaço pela criança é correto dizer que:

( ) Como aprender a ler e a escrever, representa habilidades que as crianças adquirem de acordo com seu próprio ritmo

( ) Considera-se importante que cada professor procure se especializar a respeito para estar seguro no momento das aulas.

( ) Apresenta-se em fases distintas, que sem exceções, ocorrem igualmente em todas as crianças durante a sua vida escolar.

A sequência correta é:
a) V, V, V.
b) F, F, F.
c) V, V, F.
d) F, F, V.

3. Na prática, fica comprovado que a criança ao desenvolver a sua concepção de espaço, de forma significativa, desenvolve também:
a) a habilidade mecânica de ler o mapa.
b) a reflexão a respeito do espaço – criticidade.
c) técnicas de mapear e ler somente mapas do espaço em que vive.
d) técnicas de desenho, que condicionam todos a desenhar em modelos padronizados e com isso facilitando a leitura de mapas.

4. A atual necessidade de lermos o nosso espaço, ou seja, a realidade em que vivemos se caracteriza no contexto de uma importância cada vez maior de lermos espaço:
a) Regionalizado.
b) Difícil de ser entendido pela maioria da população.
c) Globalizado.
d) Escolar.

5. Qual deve ser o papel do professor na dinâmica do processo de ensino-aprendizagem?
   a) Formador de opiniões condizentes com as suas.
   b) Formador e mediador do processo de formação dos alunos.
   c) Transmissor dos conhecimentos acadêmicos de forma simplificada.
   d) Receptor das vivências dos alunos e condução das mesmas para os conteúdos currilares.

Atividades de aprendizagem

Questões para reflexão

1. Faça uma pesquisa, em planos curriculares, e verifique se os conteúdos dessas propostas educacionais abrem ou dão espaço para as vivências dos alunos em seu elenco de conteúdos.
2. Disserte a respeito da importância do trabalho da construção da noção do espaço pela criança – em uma ou diferentes fases da escolaridade.

Atividades aplicadas: prática

1. Analise diferentes livros didáticos e verifique se a construção da noção de espaço consta como preocupação do autor durante o trabalho ao longo do livro ou se encontra concentrado, em uma parte do livro, isolado.
2. Escolha uma bibliografia, de autores que trabalham com a construção da noção de espaço pela criança, analise-a criticamente e resenhe-a.

Capítulo 6

O encaminhamento do uso de diferentes linguagens nas aulas de geografia deve levar o professor, primeiramente, a uma reflexão a respeito dos objetivos dessa área do conhecimento no ensino, e nesse processo estão os objetivos, os conteúdos e os recursos didáticos para desenvolvê-los. Assim os objetivos conduzem a aula e estão contemplados no planejamento anual dessa área do conhecimento, por isso, qualquer recurso utilizado na sala de aula deve estar vinculado a ele.

Linguagens e especificidades para a sala de aula*

Voltando um pouco na história do desenvolvimento da geografia como área do conhecimento e trabalhada na escola, podemos lembrar de extensas listas de nomes de acidentes geográficos, de números – indicando altura de picos e montanhas, altitudes de planaltos e planícies, extensão de rios, seus volumes de água, graus de temperatura máxima e mínima de diferentes locais da Terra... Esses conceitos permearam o estudo da geografia nas escolas durante muitas décadas, como se esses

* Esse capítulo foi elaborado com base em Santos (2003), disponível no *site*: <http://www.tede.ufsc.br/teses/PEPS4087.pdf>.

dados fossem aleatórios e independentes entre si, eternos, constantes e imutáveis, ou seja, a geografia era uma ciência meramente descritiva.

A tendência mais recente parece ser o desenvolvimento de temas considerados viabilizadores de abordagens históricas e geográficas integradas. De modo geral, esses temas são dispostos no planejamento de modo que a abordagem do objeto de estudo da geografia se inicie no estudo do espaço local e termine no estudo do mundo, espaço global, passando sucessivamente pelos espaços da família, do bairro, do município, do estado, país e, ao mesmo tempo, todos esses espaços interdependentes.

Segundo Penteado (1994, p. 33), três princípios norteiam essa forma de organização do trabalho curricular da geografia:

> 1) *o processo de aprendizagem do homem ocorre mais facilmente, com maiores rendimentos, quando se faz do "próximo" para o "distante".*
>
> 2) *o processo de aprendizagem dá-se de maneira mais fácil quando se caminha do "concreto" para o "abstrato".*
>
> 3) *o processo de aprendizagem do homem realiza-se de maneira mais acessível e eficiente quando se caminha da "parte" para o "todo".*

De acordo com a visão da referida autora, o processo do conhecimento se dá de maneira mais fácil quando se estuda o espaço do local para o global, porém, o "local" e "global" são conceitos que dependem da análise em questão, portanto, subjetivos. Um exemplo disso é o estudo do espaço brasileiro em determinado nível do ensino fundamental é utilizado como ponto de partida para o estudo das suas relações com o espaço mundial, já em outro nível é tido como o espaço das relações do estudo do município ou do estado, por exemplo. O mesmo acontece com o "concreto" e o "abstrato" e podemos, nesse caso, associar o concreto ao espaço local e o abstrato ao espaço global? A relatividade desses conceitos apresenta-se como ponto importante para reflexão e organização do plano curricular de geografia. Então, seria mais fácil aprender geografia partindo-se do estudo dos bairros de um município para então entendê-lo integralmente? Devemos considerar que cada parte, de modo geral, subdivide-se em outras subpartes, bem como pertence a um todo maior do qual recebe influências e a quem também influencia.

A busca pelo novo é muito importante diante da atual configuração do espaço e das atividades do mundo e, nesse caso, a discussão está em torno do recurso, do método. Como educadores, devemos estar comprometidos com os problemas e dificuldades atuais, acompanhar os fatos, com criticidade, propriedade e autonomia, contextualizando-os, analisando-os e discutindo-os com base nos parâmetros da nova conjuntura mundial e, consequentemente, primar pelo desenvolvimento de novas propostas pedagógicas. O educador Freire (1997, p. 66) diz que: "a educação não pode ser entendida como uma experiência fria, sem alma, em que os sentimentos e as emoções, os desejos, os sonhos devessem ser reprimidos por uma espécie de ditadura reacionalista".

Então, pensando nas palavras desse educador, a educação não pode ser praticada de forma mecânica e desvinculada da realidade cotidiana dos educandos.

Nas atividades de todo o dia, os alunos adquirem um certo conhecimento do espaço geográfico em que estão inseridos, ou seja, obtêm algum conhecimento sobre a geografia das coisas. Independentemente da geografia que estudam na escola, os jovens e as crianças circulam pela cidade, pelo bairro, no dia a dia, realizando suas atividades, criando, recriando e organizando espaços.

Essa geografia pode ser pensada ou conhecida no plano do cotidiano, assimilando os saberes assistemáticos, e no plano do não cotidiano, ou seja, o plano científico.

Na prática social, a manipulação das coisas garante ao indivíduo a construção de uma geografia e um conhecimento desta (um conhecimento geográfico). Sendo assim, qualquer questão social para ser levada a cabo requer conhecimento da espacialidade, requer conhecimento geográfico, não sistematizado, ainda que conhecimento construído no cotidiano. Acontece que a qualidade dessas práticas, no sentido de uma prática reflexiva e crítica, pode se alterar quando se amplia o conhecimento da espacialidade. Exemplificando, ficaria assim: o conhecimento do lugar e das relações entre as pessoas e o lugar é algo construído no cotidiano. É mais eficaz, porém, um conhecimento do lugar ampliado com elementos como as:

~ relações sociais que estão materializadas no lugar;
~ implicações e o significado desse lugar frente a uma realidade mais global;
~ diferenças e semelhanças entre esses e outros lugares.

Qualquer pessoa atualmente, mesmo sem perceber, entra em contato com o espaço global por meio de objetos que faz uso, de programas a que assiste na televisão, notícias veiculadas nos mais diferentes meios de comunicação, por exemplo. Assim, o espaço em que vivemos atualmente pode ser global e, por apresentar tal aspecto, torna-se de difícil compreensão para as pessoas, pois os limites ganharam mais fluidez e no contexto econômico da globalização perdem a importância que tem no plano político, desse modo a vida da sociedade passa a receber a interferência do que acontece no mundo todo, assim o espaço local torna-se também mais complexo.

Neste mundo cresce a complexidade das relações, seja entre países, seja entre o homem e a natureza. O conhecimento mais integrado do espaço de vivência requer hoje, mais do que antes, instrumentos que tornem possível apreender essa complexidade. Assim, instrumentalizar os alunos para a cidadania plena e para que compreendam o espaço tal como hoje ele está produzido faz parte das atribuições da escola como instituição e da geografia no processo de ensino-aprendizagem.

Certamente esse papel será bem cumprido, desde que o professor considere as particularidades de cada aluno e estabeleça relações entre o que os alunos já sabem, as opiniões que apresentam e os conteúdos curriculares, ou seja, com o saber sistematizado.

6.1 As representações sociais, os alunos e a escola

As representações sociais realizadas pelos alunos podem estruturar caminhos (metodologias) mais seguros na formação de conceitos. As representações sociais (ou aquilo que o aluno conhece a respeito do espaço em que vive) estão no nível do conhecimento vivido, daquilo que o aluno ainda não entende como conhecimento sistematizado, mas podem fornecer elementos de um conceito potencialmente já existente em sua estrutura cognitiva, sendo assim, podem ser usados como peça importante na configuração da aprendizagem significativa. Os conteúdos trabalhados pela geografia não podem continuar sendo tomados como um "mundo a parte" pelos alunos, pois essa área do conhecimento trabalha justamente com o mundo dos aluno, e a constatação disso pelo professor pode ajudar na superação desse tipo de encaminhamento e resultar na busca por uma proposta que caracterize encaminhamento com novos mecanismos metodológicos.

Libâneo (1993), ao buscar o entendimento da estruturação didática da aula ou conjunto de aulas, distingue fases ou passos didáticos, sem considerá-los, todavia, de forma mecânica e estanque. Veja a sequência dessas fases.

6.1.1 Preparação aula

Nessa etapa, Libâneo (1993) trata basicamente do planejamento (preparação prévia) do professor, que antecipadamente prevê situações em que possa estabelecer ligação do conteúdo novo com os anteriores e como o cotidiano do aluno. Essa etapa caracteriza-se pelas diferentes formas de problematizar o assunto para despertar o interesse do aluno.

Algumas ações do professor são recomendáveis nesse momento, como propiciar a atividade mental e física dos alunos e considerar a vivência dos alunos como dimensão do conhecimento.

6.1.2 Sistematização do conteúdo

Constitui-se aqui o momento de sistematização e ampliação dos conceitos que construam e reconstruam os conhecimentos. Entre as ações do professor, devem ser priorizadas atividades de ensino que ativem operações mentais dos alunos com os conceitos, comparação, análise, síntese.

Segundo Cavalcanti (1998), as ações didáticas consideradas mais adequadas para esses momentos são:

~ estabelecer situação de interação e cooperação entre os alunos;
~ intervir no processo de aprendizagem dos alunos;
~ apresentar informações, conceitos e exercitar memorização de dados;
~ manter relação dialógica com os alunos e entre os alunos.

6.1.3 A aplicação da aula

Essa etapa configura um momento de proporcionar aos alunos, oportunidades de aplicação os conceitos estudados. As ações do professor devem focar em promover a autorreflexão e a sócio-reflexão dos alunos sempre com acompanhamento sistemático e o uso de ferramentas de controle dos resultados desse processo.

Síntese

~ De uma ciência meramente descritiva, a geografia atual assume uma tendência em viabilizar abordagens históricas e geográficas integradas em relação ao espaço em estudo na sala de aula.

~ O objeto de estudo da geografia vai do espaço local ao global, podendo passar por todos os espaços inseridos nesse contexto de forma interdependente.

~ O estudo do espaço local e global pode assumir certa dose de subjetividade dentro da abordagem proposta pelo professor.

~ O conhecimento mais integrado do espaço de vivência requer hoje, mais do que antes, instrumentos que tornem possível apreender essa complexidade. Assim, instrumentalizar os alunos para a cidadania plena e compreendam o espaço tal como hoje ele está produzido faz parte das atribuições da escola como instituição e da geografia no processo de ensino-aprendizagem.

~ Como professores, devemos estar comprometidos com os problemas e dificuldades atuais, acompanhar os fatos, com criticidade, propriedade e autonomia, contextualizando-os, analisando-os e discutindo-os com base nos parâmetros da nova conjuntura mundial e consequentemente primar pelo desenvolvimento de novas propostas pedagógicas.

Atividades de autoavaliação

1. A geografia é uma prática social que ocorre na história cotidiana dos homens. Um dos critérios para a construção do saber geográfico escolar, para que a geografia cumpra o papel de possibilitar a formação do cidadão e caracterizar:
   a) A sua importância social.
   b) O desenvolvimento natural/físico dos fenômenos.
   c) A sua conscientização ecológica.
   d) A sua importância econômica.

2. O tratamento didático da matéria nova constitui o momento do estudo mais sistemático do conteúdo, do investimento na formação e ampliação de conceitos, na construção e reconstrução de conhecimentos. Devem ser priorizadas nessa etapa que tipo de atividades de ensino? Assinale a única alternativa correta.
   a) Descritivas e de expressão oral.
   b) Que despertem a pura e simples curiosidade dos alunos sobre o tema.
   c) Que ativem operações mentais dos alunos de conceituação, comparação, análise, síntese.
   d) Que sensibilizem o aluno a realizar atividades de repetição e cópia.

3. Os conteúdos trabalhados em geografia não podem continuar sendo tomados como um "mundo a parte" pelos alunos, pois essa área do conhecimento trabalha justamente com o mundo dos alunos e a constatação disso pelo professor pode a ajudar na superação desse tipo de encaminhamento e resultar na busca por uma proposta que caracterize encaminhamento com novos mecanismos metodológicos. Nesse contexto relacione as etapas da estruturação didática da aula, propostas por Libâneo (1993) com sua respectiva característica.

   (1) Preparação da aula   ( ) Configura o momento de proporcionar aos alunos, oportunidades de aplicação dos conceitos estudados.

   ( ) Nessa etapa as ações do professor devem focar em promover a autorreflexão dos alunos sempre com acompanhamento sistemático e o uso de ferramentas de controle dos resultados desse processo.

(2) Sistematização do conteúdo ( ) Devem ser priorizadas pelo professor, atividades de ensino que ativem operações mentais dos alunos com os conceitos.

( ) Momento que o professor poderá manter uma relação dialógica com os alunos e entre os alunos.

(3) Aplicação da aula ( ) É a etapa de planejamento da aula.

( ) Nessa etapa, uma das ações recomendáveis ao professor é a consideração da vivência dos alunos com a dimensão do conhecimento.

A sequência correta é:
a) 1, 2, 3, 3, 2, 1.
b) 2, 3, 1, 2, 3, 1.
c) 1, 1, 2, 2, 3, 3.
d) 3, 3, 2, 2, 1, 1.

4. A aula, organizada e aplicada pelo professor na sala de aula, deve estar calcada em objetivos. Nesse processo, portanto, os objetivos apresentam o papel de:
a) Finalizar a aula.
b) Nortear o planejamento escrito da aula.
c) Conduzir o desenvolvimento da aula.
d) Explicar somente os conceitos-chave da aula.

5. Qualquer recurso utilizado em sala de aula deve estar de acordo com os objetivos propostos para a mesma e vinculados ao:
a) Planejamento curricular anual da determinada área do conhecimento.

b) Interesse do professor e sua relação com determinado assunto.
c) Interesse do aluno pelos temas propostos em aula.
d) Tipo de escola e de aluno que trabalhamos.

Atividades de aprendizagem

Questões para reflexão

1. De acordo com Freire (1987, p. 22):

> "Eu digo que ler não é só caminhar sobre as palavras, e também não é voar sobre as palavras. Ler é reescrever o que estamos lendo. É descobrir a conexão entre o texto e o contexto do texto, e também como vincular o texto/contexto com o meu contexto, o contexto do leitor."

Com base nisso, considere agora o "texto" o mapa e reflita a respeito da importância do uso dessa linguagem na sala de aula.

2. As considerações postas ao longo deste capítulo procuram evitar que a aula de geografia utilize sempre a mesma linguagem. Nesse contexto, qual a importância especifica do uso de diferentes linguagens na sala de aula?

Atividades aplicadas: prática

1. Existe na área de procedimentos e técnicas de ensino uma grande variedade opções que podem ser aplicadas em sala de aula, consulte um deles e dirija o procedimento ou técnica para um dos temas de sua série nas aulas de geografia. Desenvolva um texto explicativo a fim de que possamos trocar entre os colegas.

Sugestão:

ANTUNES, C. **Manual de técnicas de dinâmica de grupo, de sensibilização, de ludopedagogia**. Petrópolis: Vozes, 1996.

2. Os conteúdos de geografia apresentam-se organizados de acordo com os princípios propostos por Penteado (1994)? Explique sua resposta.

Capítulo 7

Ao pensarmos este capítulo, tivemos como objetivo fornecer elementos para subsidiar as aulas de geografia. Essa decisão aconteceu porque, assim como você, estamos dia a dia em contato com alunos do ensino fundamental e do ensino médio e sabemos como é importante encontrar um refúgio para refletirmos a respeito de nossas práticas e com base em sugestões de atividades, personalizar as nossas atividades.

Sugestões de atividades práticas – subsídios para sala de aula – organização de aulas por meio do uso de diferentes linguagens

Entendemos que a prática na sala de aula traduz momentos únicos, com uma turma que também é peculiar, mas sabemos também que o planejamento de atividades dá estrutura para a nossa aula, o resultado ou o tempo de aplicação podem ser diferentes em cada uma, mas com certeza a aprendizagem é objetivo em todas.

O que são palavras a respeito de uma prática se elas não estiverem escritas? Assim como nós, acreditamos que você, professor, realiza muitas delas na sala de aula e que elas não constam no planejamento porque foram fruto de um momento especial, aquele momento que chamamos de "*clik*" e a partir dele surgem atividades maravilhosas. Por isso, transformamos as nossas palavras em práticas, escritas uma a uma para compartilhar com você.

7.1 O uso de signos – trabalho com o trânsito começa na escola

É em casa que o aluno inicia suas primeiras convivências sociais, o uso comum do espaço e, consequentemente suas relações com o trânsito.

Segundo Rodrigues (2002, p. 39) "O **convívio social**, baseado na cooperação e no respeito mútuo, é o princípio fundamental para compreender a natureza do **trânsito**. Trânsito é, acima de tudo, convívio social".

A escola é outro lugar no qual o aluno passa boa parte de sua vida, convive com outras pessoas, utiliza os espaços de diversas maneiras, encontra lugares apropriados para andar, correr, nadar...

Porém, é importante que reflita sobre seu comportamento e o dos outros, que compreenda o sentido de "educação no trânsito" em toda sua dimensão. Para isso devemos:

~ reforçar atitudes de convivência social, baseadas na ética e cidadania. Mesmo sendo elas as mais simples do dia a dia, são a base de uma educação.

~ mais do que responder qual é a atitude adequada e fundamental, que o aluno entenda o porquê dessa atitude.

~ criar outras situações comuns a realidade de sua escola e sala de aula relacionadas ao trânsito.

A discussão a respeito do trabalho com o trânsito nas salas de aula apresenta embasamento também nos referenciais nacionais, pois segundo os Parâmetros Curriculares Nacionais: história e geografia (Brasil, 1997b, p. 134):

Outro ponto a ser discutido são as normas dos lugares: como é que se deve agir na rua, na escola, na casa; como essas regras são expressas de forma local: como as crianças percebem e lidam com as regras dos diferentes lugares. É importante discutir tentando encontrar as razões pelas quais elas são estabelecidas dessa forma e não de outra, sua utilidade, legitimidade e como alteram e determinam a configuração dos lugares.

O uso da linguagem do trânsito na sala de aula poderá contemplar objetivos importantes para o trabalho com o espaço geográfico, tais como:

~ Perceber a dimensão da palavra trânsito.
~ Identificar o trânsito como ação de deslocamento no espaço geográfico.
~ Relacionar o convívio social como fator determinante na organização do trânsito.
~ Perceber o trânsito nos lugares do cotidiano.
~ Perceber a presença da sinalização de trânsito no espaço em que vive.
~ Conhecer o significado dos símbolos utilizados para sinalizações nas vias públicas.
~ Identificar o passageiro, o pedestre ou o ciclista com cidadão atuante no trânsito.
~ Conscientizar os alunos para a importância de se respeitar os sinais, as regras e leis de trânsito.
~ Perceber a função da sinalização no uso do espaço coletivo.

Para atingir os objetivos propostos, o professor deverá estabelecer discussões a respeito da linguagem utilizada no trânsito, para isso, destacamos algumas delas nos itens que seguem.

a) Trânsito em casa

O ir e vir das pessoas pelos espaços domésticos e a convivência nesse local caracterizam a dimensão da palavra *trânsito*. Mesmo dentro de nossa casa precisamos respeitar algumas regras de deslocamento, pois cada espaço é organizado de maneira diferente para atender às necessidades de toda a família.

Questões para discussão:
- Quantas pessoas moram na sua casa?
- Você e sua família circulam em todos os cômodos da casa?
- É aconselhável correr dentro de casa? Por quê?

b) Trânsito na escola

O espaço escolar é caracterizado por intensa circulação de pessoas. Atitudes e valores voltados ao respeito e à cooperação entre alunos, professores, pais e funcionários devem orientar esse movimento.

Que atitudes você reconhece nos deslocamentos de pessoas dentro da escola?

Questões para análise e discussão:

Proponha para os alunos a análise das situações a seguir para que eles indiquem o comportamento adequado para cada uma:

- Você quer entrar no banheiro e, no mesmo instante, várias pessoas estão saindo. Você procura entrar ao mesmo tempo em que elas saem ou espera que elas saiam e, depois, entra.
- Todos foram para a sala de aula depois do recreio e você se atrasou. Então você volta correndo para a sala entrando sem dar satisfação a ninguém ou sem correr, bate à porta e pede licença para entrar.
- Com sua turma, você vai se deslocar para outro pavimento da escola. No meio do percurso, há uma escada. Você desce correndo passando à frente dos demais ou acompanha a turma esperando sua vez de descer os degraus.

c) Trânsito na cidade

O aumento da população nas cidades com seu deslocamento no espaço, facilitado pelos meios de transporte, tornou necessárias regras para pedestres, ciclistas, motociclistas e motoristas nas vias de circulação. Assim, foi criado um sistema de sinalização para organizar o espaço em que o ser humano vive e se movimenta. Outra razão muito importante é caracterizada pela velocidade com que as pessoas se deslocam. Quanto maior a velocidade, mais perigoso é o deslocamento.

Questão para discussão:
~ Como seria o trânsito nas cidades se não houvesse sinais e regras?

d) Finalização

O aluno deverá perceber que o trânsito na escola deve ser organizado para o bem-estar de todos e isso depende muito do próprio aluno. Há regras que garantem a locomoção com segurança no espaço escolar e cumpri-las é dever de todos. Questione os alunos quanto as regras de locomoção que foram estabelecidas na escola, o motivo da importância de respeitá-las e se, além de nossa casa e escola, há outros lugares em que acontece o trânsito de pessoas. Em grupos, os alunos poderão elaborar uma placa que ajude a orientar as pessoas no trânsito da escola para que depois seja fixada em lugar apropriado.

7.1.1 Sugestão de atividade: Linguagem do trânsito – os sinais

A sinalização de trânsito tem a função de regulamentar, advertir, orientar, informar, controlar a circulação de veículos e pedestres nas vias terrestres. Sempre que necessário será colocado ao longo das vias de circulação de veículos e pedestres, sinalizações previstas no Código de Trânsito ou em legislação complementar.

O Código de Trânsito Brasileiro é o conjunto de leis que rege o trânsito, mas, sobretudo, é um canal de comunicação importante para a transmissão de mensagens. Por isso, compreender as mensagens contidas no Código é essencial ao processo de comunicação no trânsito. Segundo o Detran - SP (2010), a sinalização do trânsito compreende:

> **Gestos de policiais e agentes de trânsito** – As ordens emanadas por gestos de agentes da autoridade de trânsito prevalecem sobre as regras de circulação e às normas definidas por outros sinais de trânsito.
>
> **Sinais sonoros** – Podem ser executados por condutores ou agentes da autoridade de trânsito. Os sinais sonoros produzidos por condutores, como o uso da buzina, deve restringir-se a um toque breve e ser usado apenas como advertência, sendo seu uso proibido em áreas urbanas no período de 22h00 as 06h00 e em determinadas áreas (hospitais, escolas) marcadas por meio de placas.Os sinais sonoros utilizados por veículos em emergência (ambulância, polícia e bombeiro) são usados para alertar os condutores da via e pedir para facilitar sua passagem, podem ser usados em qualquer hora e local. Os sinais sonoros feitos por Policiais e Agentes de Trânsito são produzidos por apitos, para orientar e disciplinar o tráfego em uma ação preventiva e repressiva.
>
> **Marcas** (Sinalização horizontal é tudo que está escrito, desenhado ou pintado na pista de rolamento) – É uma forma da sinalização viária que se utiliza de linhas, marcações, símbolos e legendas pintadas ou apostos sobre o pavimento das vias. Tem como função organizar o fluxo de condutores de veículos e pedestres, controlar e orientar os deslocamentos e complementar os sinais verticais de regulamentação, advertência ou indicação.

- **Características da sinalização horizontal** – A sinalização horizontal mantêm alguns padrões cuja cor e forma na via definem os diversos tipos de sinais.
- **Cores** – A sinalização horizontal se apresenta em cinco cores: Branca: faixas em via de sentido único, faixa de pedestres, de estacionamento, símbolos e legendas;/Amarela: via de mão dupla, proibição de estacionamento e marcação de obstáculos;/ Azul: símbolos em áreas especiais, embarque e desembarque;/ Vermelha: ciclovias e símbolos de emergência, hospitais;/Preta: para dar contraste entre o pavimento e a pintura.
- **Padrão de traçado** – No leito das vias urbanas e rurais há sinais básicos constituídos por linhas, que diferenciam as mensagens através da cor (amarelo ou branco), da espessura e da segmentação.
- **Linhas amarelas** – São utilizadas para dividir faixas de circulação em vias com duplo sentido de trânsito.
- **Linhas brancas** – São utilizadas para dividir as faixas de circulação em vias de sentido único.
- **Sinais luminosos** – Compõem-se de luzes acionadas alternada ou intermitentemente através de sistema elétrico/eletrônico, cuja função é controlar os deslocamentos em trânsito.
- **Sinalização semafórica de regulamentação** – Tem a função de efetuar o controle do trânsito num cruzamento ou seção da via, através de indicação luminosa, alternando o direito de passagem dos condutores de veículos e pedestres. Existem vários tipos ou modelos de semáforos (sinaleiro, sinal) e podem estar colocados de várias maneiras na via, porém todos têm as mesmas cores de luz e devem ser respeitados igualmente.
- **Sinalização semafórica de advertência** – Tem a função de avisar da existência de obstáculos ou situações perigosas na via,

devendo o condutor reduzir a velocidade e adotar medidas de segurança para seguir adiante. Compõe-se de uma ou duas luzes de cor amarela, cujo funcionamento pode ser intermitente (piscando) ou alternado.

A sinalização de advertência pode ser feita usando-se o próprio semáforo convencional (em situações e horários especiais), desligando as outras cores e piscando apenas o amarelo. Essa sinalização pretende alertar para qual sentido indica o sinal do pedestre. Num cruzamento de 4 ruas, por exemplo, existem 2 cruzamentos e duas indicações do semáforos, enquanto um deve seguir o outro dever esperar. O sinal de atenção no semáforo de pedestre acontece quando o sinal vermelho está piscando, enquanto no veicular se dá pela cor amarela.

~ **Placas de regulamentação** – Têm por finalidade informar aos usuários das condições, proibições, obrigações ou restrições no uso das vias. Suas mensagens são imperativas e seu desrespeito constitui infração.

~ **Placas de advertência** – Têm por finalidade alertar aos usuários da via para condições potencialmente perigosas, indicando sua possuem caráter de recomendação.

Fonte: Detran-PR, 2010.

Com base na discussão a respeito do uso dessa linguagem, o professor poderá relembrar o trajeto dos alunos de casa até a escola e o que eles conhecem dos arredores dessa região, para que eles evidenciem a linguagem que aparece por lá, como as placas existentes no bairro da escola. Caso a turma não tenha convivência com essas sinalizações o professor poderá motivar uma pesquisa.

O professor poderá solicitar aos alunos que:

~ Indiquem o tipo de sinalização comum ao espaço em que vivem;

~ Interpretem a sinalização do espaço em que vivem, não "decorando" o seu significado;

Portanto, deve se aceitar a linguagem do aluno ao interpretar as placas, pois ele não é um motorista.

Assim, é natural que o aluno interprete as placas de:
~ parada obrigatória, escrevendo ou dizendo: "é para parar";
~ velocidade máxima permitida: "significa que não pode passar de 40 km/h, 60 km/h, 80 km/h.
~ área escolar: "é para avisar que tem escola".

Segue agora uma sugestão de "jogo" com a linguagem do trânsito, intitulada de "Como chegar lá?". Essa atividade poderá contemplar os objetivos de:
~ proporcionar aos alunos um momento de observação do tabuleiro do jogo;
~ elaborar questões, fazer descobertas...;
~ explorar o tabuleiro nas atividades solicitadas (assim os alunos já estarão mais familiarizados com a organização do espaço do bairro representado no tabuleiro);
~ discutir sobre cada personagem apresentado no jogo: pedestre, passageiro, ciclista;
~ desenvolver uma visão crítica e consciente sobre trânsito. (Ao colocar-se na posição dos personagens pretende-se que o aluno envolva-se como cidadão nas várias posições que um (de sua idade) possa ocupar);

A seguir serão apresentados os comandos de como jogar.

Representação do bairro São Francisco (modelo que segue – a ser usado como "tabuleiro") criada para você descobrir caminhos mais seguros de deslocamento no espaço.

Sempre que circular a pé, de carro ou de bicicleta, você terá de obedecer às regras de trânsito.

Analise cada situação, apresentadas pelas "cartas-situação", coloque-se na posição de personagem do jogo e encontre o caminho adequado para cada percurso.

A seguir, apresentaremos as cartas para jogar (situação de cada uma), onde cada jogador sorteia uma carta para jogar e segue as indicações que estão descritas.

Personagem passageiro Situação Leila estuda na Escola Criativa e mora no Condomínio Residencial Solar. A rua Alagados está em obras, o que significa que por ela não pode passar. Indique o caminho que a mãe dela faz de carro ao levá-la para a escola. Localize o percurso no mapa e responda. Quais são as ruas por onde elas passam? Que placas de trânsito aparecem no caminho?	Personagem pedestre Situação Quando Leila vai para a escola de carro o percurso que ela faz é um, a pé, o percurso é outro. Entre os percursos que ela faz, qual é o caminho mais curto? Indique as ruas por onde ela passa nesse caminho mais curto.	Personagem passageiro Situação Fábio estava jogando bola no Estádio Pelé e machucou-se, precisando ser levado ao Hospital Monteiro Lobato. Indique o caminho que ele fará como passageiro até o hospital e registre. Complete com o nome da rua e o número do prédio do hospital (endereço).

Personagem pedestre Situação	Personagem motorista Situação	Personagem ciclista Situação
Malu saiu do Parquinho da Praça com a mãe para ir ao posto de saúde. Verifique no mapa e cite o nome das ruas por onde passaram a pé.	A família de Adriana saiu de carro do estacionamento e foi até a Igreja Santo Antônio para participar da missa. Escreva o nome das ruas percorridas.	Felipe estava na Academia Viver Bem e foi até o *Shopping* Veneza, fazendo o caminho de bicicleta. Que percurso ele fará? Cite o nome das ruas.

Obs.: Outras situações podem ser elaboradas pelos alunos para serem inseridas no jogo.

Questão para discussão após o jogo:

O caminho para se movimentar de um local a outro é o mesmo se for feito a pé ou em algum meio de transporte? Pense e registre.

7.2 Alfabetização cartográfica – trabalho com mapas

A localização no espaço é uma linguagem que precisamos aprender, assim como aprendemos a ler, a escrever e a contar.

O objetivo dessa atividade é de que os alunos vejam a localização das construções tendo a da Ana Laura como ponto de referência, percebendo que as ordens dos elementos mudam devido à troca de posição da menina e não dos elementos.

7.2.1. Sugestão de atividade:
O espaço de Ana Laura – aluno mapeador e leitor de mapas

a) Percurso de Ana Laura – sugestão 1
Comando da atividade para os alunos:

Vamos juntos conhecer o caminho que Ana Laura percorre todos os dias ao ir para a escola e voltar de lá.

1. Em uma folha de papel, desenhe Ana Laura, como se ela estivesse caminhando pela rua do mapa que segue. Depois recorte o desenho em todo o seu contorno.

Ilustração: Roberto Querido

2. Posicione, no mapa a seguir, a "bonequinha" de Ana Laura saindo de casa para a escola.
3. Faça uma indicação nos braços da menina: D no direito e E no esquerdo.
4. Escolha um caminho saindo da casa de Ana Laura para a escola e observe quais as construções que no percurso ficam à direita dela e faça uma lista em seu caderno.
5. Agora, considere a sua volta da escola para casa e mencione quais as construções que ficam à esquerda de Ana Laura e faça outra lista em seu caderno.

Ilustração: Rafael Ivancheche

Questões para discussão

Analise as listas do percurso de Ana Laura e responda:

a) O que você observou?

b) Os elementos da paisagem aparecem na mesma ordem na ida para a escola e na volta? Justifique.

Obs.: Após o registro total da atividade, deve-se estimular os alunos a perceberem que a ordem dos elementos é exatamente inversa nos dois trajetos e discutir com eles o porquê dessa situação.

7.2.2 Aniversário de Ana Laura – sugestão 2

Leia as pistas a seguir e complete o mapa indicando as informações no desenho, para que todos possam descobrir que caminho devem percorrer para chegar à casa de Ana Laura (escreva na representação do espaço da rua, visto de cima o que está sublinhado nas dicas que seguem):

a) **Letícia** mora na esquina, ao lado da casa de Ana Maria.
b) **Leandro** mora ao lado da escola, em frente ao **supermercado**.
c) A **farmácia** fica em frente à casa de Ana Maria.
d) O **edifício residencial Cascata** fica entre a casa de Leandro e o **hotel**.
e) O **ponto de ônibus** fica entre o posto de saúde e o mercado, todos no mesmo lado da rua.
f) A **papelaria** fica entre as casas de Ana Maria e o prédio onde mora a **Bianca**.
g) Em frente à casa da Letícia fica a minha casa (casa da **Ana Laura**). Seja bem-vindo à festa.

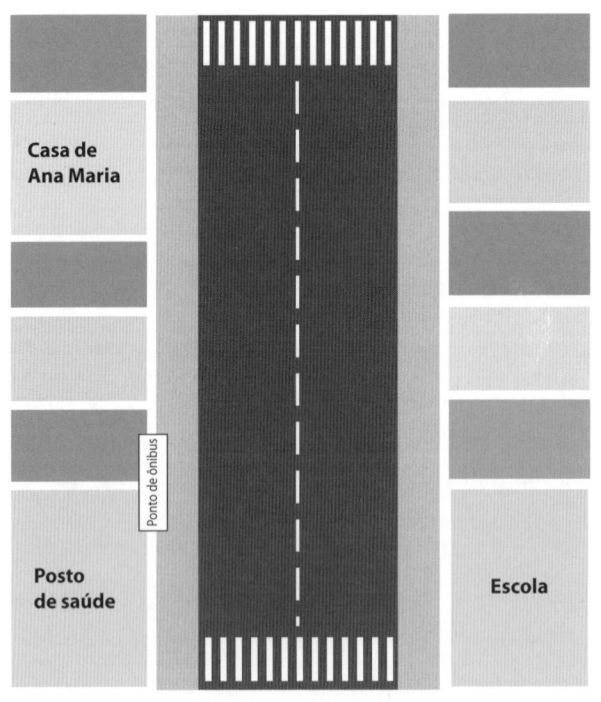

Ainda observando o mapa do caminho para a festa de aniversário de Ana Laura, responda:

a) Quais são as construções pelas quais você passaria para fazer o trajeto da casa de Ana Laura até a escola, considerando que, ao sair da festa, caminhasse pela calçada do lado esquerdo da rua? Numere-as indicando a sequência nos quadrinhos da representação (mapa) da rua vista de cima.

b) Que ponto de referência você utilizaria para explicar onde fica o posto de saúde nessa rua?

c) Agora coloque a orientação cardeal: Imagine que você está na frente da casa de Ana Laura (olhando na direção da casa) e vê o Sol se pôr atrás da casa. Qual direção você tem à sua frente? Às suas costas? À sua direita? À sua esquerda?

7.2.3 A rua no bairro de Ana Laura

No mapa do bairro em que mora Ana Laura, identifique onde está a rua da casa dela e coloque os elementos que você já identificou no mapa anterior (o da rua).

Localize os seguintes elementos/construções do bairro com base nas dicas que seguem:

1. O estacionamento fica junto ao Lava Car Vip.
2. No quarteirão ao lado do estacionamento fica localizado a Loja de Materiais de Construção São Pedro, bem em frente à casa da avó de Ana Laura.
3. O condomínio Flor de Lis também ocupa um quarteirão ao lado do estacionamento.
4. Se ficarmos de costas para o portão da casa de Aurélio (nosso ponto de referência), teremos à esquerda a farmácia, à direita o correio e atrás a casa de Jucimara.

5. Atrás do templo religioso mora Jucimara, bem ao lado da panificadora, que fica numa esquina e a verduraria que fica na outra esquina da mesma quadra.
6. O posto de gasolina fica num espaço formado por três ruas e no mesmo quarteirão está o *shopping*.
7. Em frente ao posto de gasolina fica a praça, no mesmo quarteirão da clínica odontológica.
8. Nesse mesmo quarteirão ainda há duas residências: a da família Santos, em frente ao hospital, e a da família Gonçalves.
9. A fábrica de embalagens ocupa o quarteirão ao lado da loja de Materiais de construção São Pedro.
10. A avó de Ana Laura sempre vê a movimentação do corpo de bombeiros, pois o quartel se localiza no mesmo quarteirão da casa dela.

Faça você agora, as atividades (dicas) para completar o mapa do bairro no qual mora Ana Laura a seguir.

1. _____
2. _____
3. _____
4. _____
5. _____
6. _____
7. _____
8. _____

BAIRRO: _____

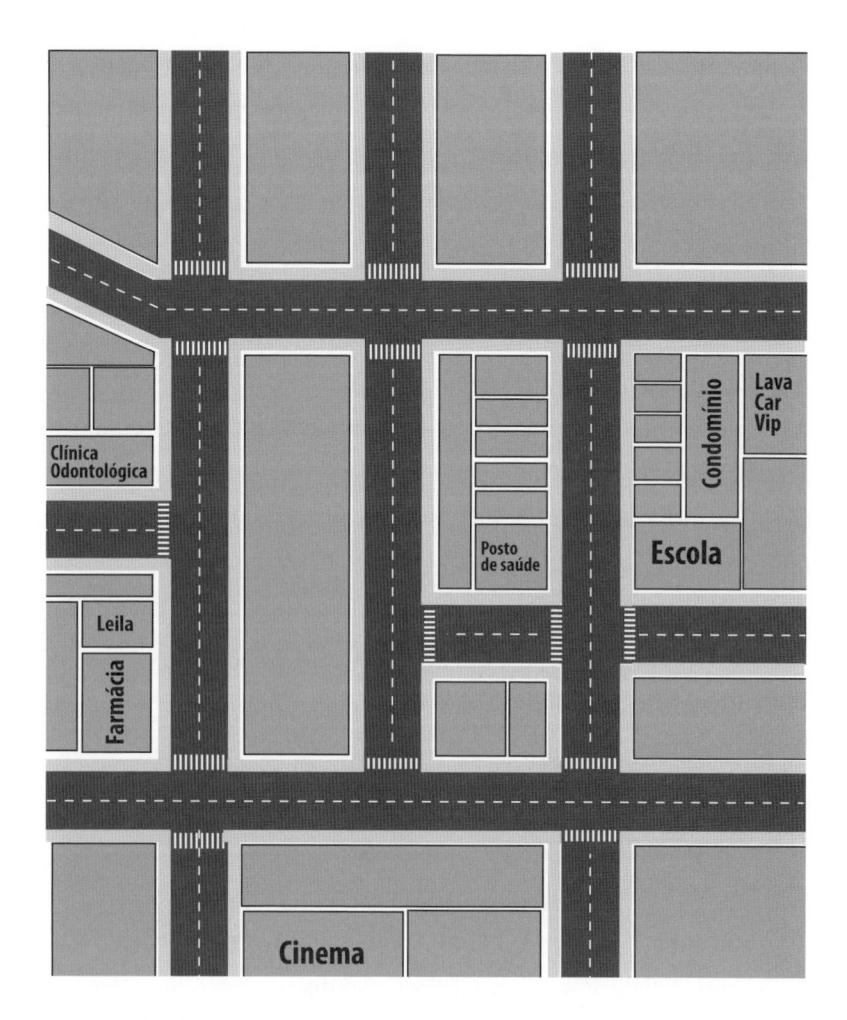

7.2.4 Sugestão de atividade:
O bairro da escola – aluno mapeador e leitor de mapas

Nesse trabalho é importante que os alunos percebam que a organização de um lugar pode acontecer de diferentes formas. Muitas vezes, o fato de chamarmos de *quarteirão* o espaço em que estão organizadas as construções de um bairro passa a ideia de que só existem organizações formadas por quatro ruas, quando na realidade existem muitas outras formas. Por isso estamos apresentando os três mapas, os quais devem ser explorados criticamente pela turma e simultaneamente relacionados à organização dos espaços de convívio dos alunos. O trabalho poderá ser complementado com a observação de outros mapas, coletados pelo professor e alunos.

Como sugestão de pesquisa, podemos solicitar aos alunos que interpretem um mapa retirado de um guia de endereços (ou no próprio guia).

a) Contextualização

Residências, escolas, lojas, fábricas e outros edifícios estão organizados dentro da cidade, que se divide em bairros com ruas.

Você pode notar que cada grupo de casas e outras construções normalmente ficam entre ruas.

Se você mora na cidade, sua casa deve ficar, igualmente, num quarteirão, que também é chamado de *quadra*.

Essas palavras (*quarteirão* e *quadra*) estão relacionadas com o número quatro e a forma geométrica de quatro lados que você estuda em Matemática. Mas nem todos são assim.

b) Sugestão de atividade 1

~ Como é a organização das ruas no bairro do mapa 1?
~ E no mapa 2?
~ Como é a organização dos quarteirões no mapa 3?
~ Qual dos três espaços é mais parecido com a organização do bairro no qual você mora? Explique a razão disso.

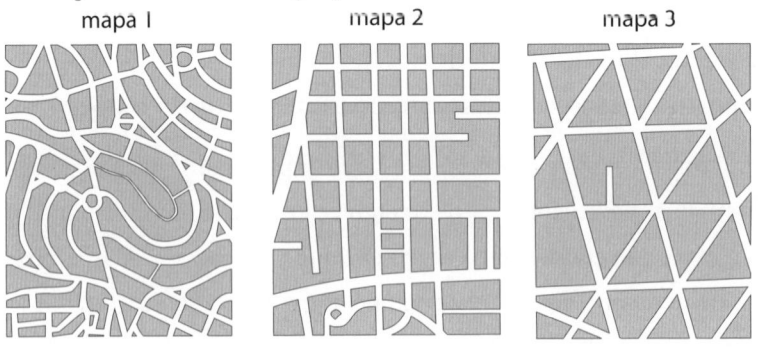

mapa 1　　　mapa 2　　　mapa 3

Professor, nessa atividade as respostas deverão ser pessoais, baseadas nas observações feitas pelo aluno, porém algumas deverão ser salientadas, seguem algumas observações que deverão ser feitas, conforme segue.

Nessa questão, o aluno deverá relacionar os lugares representados nos mapas e identificar aquele que se assemelha ao lugar em que ele vive. Poderá acontecer de nenhum deles se parecer com o espaço em que mora, nesse caso, a justificativa deverá salientar as diferenças.

c) Sugestão de aula de campo e maquete

O mapa e a planta baixa são representações planas da realidade, porém, o entendimento dessas representações pela criança acontece num processo gradativo, partindo do espaço vivido.

A construção da maquete do quarteirão da escola deverá ser desenvolvida em princípio pela observação do espaço vivido (passeio pelos arredores da escola), representar num formato tridimensional (maquete), em espaço reduzido, então concluir a representação espacial mapeando-a, passando a representação para a forma bidimensional (planta baixa).

Para se conhecer um lugar, nada melhor do que ir até ele e andar pelos espaços que o formam observando tudo que nele apresenta.

Cidades, praias, montanhas são lugares que atraem muita gente e oferecem, além de lazer, muita cultura.

Segue um roteiro para o planejamento de um passeio pelos arredores da escola. Antes, é necessário:

~ agendar a data;
~ receber autorização dos pais ou responsáveis (material de apoio);
~ seguir orientações do professor;
~ separar material para fazer anotações: lápis, caderno...

d) Durante o passeio

Observe e registre o que considerar importante sobre:
~ organização do espaço nos arredores;

- tipos de construção encontrados no bairro;
- outros elementos da paisagem (árvores, veículos, pessoas...);
- limpeza do bairro, coleta de lixo;
- sinalização;
- ruas e nomes delas.

Obs.: O passeio pelos arredores da escola tem por objetivo maior levar os alunos a fazer uma observação crítica dos espaços que os cercam. Reconhecendo entre outras coisas que as pessoas organizam os lugares para nele viverem, percebendo que na maioria das vezes essa organização visa atender as necessidades de quem ali vive. Outro aspecto a ser trabalhado é a **paisagem**. Segundo os PCNs (Brasil, 1998a, p. 112):

> *A categoria paisagem, porém, tem um caráter específico para a geografia, distinto daquele utilizado pelo senso comum ou por outros campos de conhecimento. É definida como sendo uma unidade visível, que possui uma identidade visual, caracterizada por fatores de ordem social, cultural e natural, contendo espaços e tempos distintos; o passado e o presente. A paisagem é o velho no novo e o novo no velho.*

É importante que o professor reflita junto ao aluno essa questão de paisagem, pois é comum que a paisagem seja relacionada somente aos elementos naturais e a atualidade, porém, paisagem é tudo o que nossa visão alcança. Fazem parte dela todos os elementos, sejam eles novos ou velhos, naturais ou transformados. E, na sala de aula, faça um registro das observações.

e) Maquete do quarteirão da escola

Conhecendo os arredores da escola, podemos perceber como está organizado esse espaço e verificar a variedade de elementos que fazem parte dele. Oralmente o professor deverá relembrar o trajeto do passeio. É importante que o registro revele a verdadeira ordem dos elementos

durante o passeio, determinando o ponto de partida e de chegada.
Desenvolva com seus alunos também uma maquete do quarteirão da escola. Para isso, organize com seus alunos:

I. Material: caixas em tamanhos diferentes, cartolina, cola, papelão, lápis de cor preto ou canetinha.

II. Modo de fazer: Junte algumas caixinhas de formatos e tamanhos diferentes. Elas irão representar as construções que formam o quarteirão da escola.

~ Em uma cartolina, no formato do quarteirão da escola, indique as ruas e/ou avenidas.

~ Posicione as construções, conforme a realidade que você observou durante o passeio. Atenção: não cole ainda.

~ Contornando a base das construções sobre essa cartolina, você terá a planta baixa desse quarteirão.

~ Agora, cole as construções sobre a cartolina, fixando-a em uma base de papelão, madeira ou outro material. Pronto! Faça uma exposição juntamente com os colegas.

III. Sugestão de atividade com a maquete: Para melhor compreensão do aluno dentro do espaço reduzido (maquete) pode ser utilizado como recurso um boneco, que deverá ser movimentado pela representação de acordo com o que for sugerido. Nesse momento o professor poderá sugerir trajetos, os alunos então deverão realizá-los utilizando o boneco para a locomoção. Assim ficará mais fácil a compreensão das relações topológicas e projetivas (vizinhança, antes, depois, direita, esquerda...).

1. Observe a maquete do quarteirão de sua escola. Considerando a frente da escola e você de costas para ela, escreva o nome da rua:

~ onde ela fica/atrás dela/à esquerda/à direita.

2. Por onde você passou? Indique cinco elementos na ordem encontrada quando percorreu as ruas em volta de sua escola, desde o ponto de saída.

7.3 Lugar e localização – sugestão de atividades

O conceito de lugar deverá ser bem trabalhado, permitindo aos alunos a percepção da diferença desse conceito com relação a outros discutidos anteriormente (paisagem e espaço geográfico). Diante disso, vale a pena levá-los a refletir sobre o lugar em que moram: a rua, o bairro, a cidade, o estado, o país, o continente e, por meio dessa reflexão, os alunos poderão constatar que é possível descrever o lugar em que moram levando em conta não só aspectos naturais, mas também as atividades e as modificações realizadas pelas pessoas, além das vivências socioafetivas que cada um estabelece com o lugar. Explorando-se a sequência de mapas apresentados (Brasil, América, planisfério) poderão ser retomados muitos conhecimentos, entre eles, a ideia da inserção de um lugar em outro e as inter-relações decorrentes.

Poderão ser abordados conceitos relacionados à localização e à orientação. Antes de qualquer coisa, o professor deve ter clareza da diferença que cerca tais conceitos. A localização é absoluta: determinação de um lugar. Por exemplo, a minha casa está localizada na rua X, n° 10, da cidade Y. A orientação, no entanto, é relativa a uma referência. Por exemplo, para chegar até minha casa você pode ir pela rua A ou B, dependendo de onde você vem.

Com relação à compreensão de pontos de referência, acreditamos não haver grandes dificuldades, lembrando, também, de que ponto de referência difere de endereço. Atividades práticas facilitam o entendimento do conceito. No pátio ou mesmo na sala de aula o professor poderá propor situações que enfoquem localização e referencial.

Um dos meios de orientação é a utilização do Sol. A partir de um determinado referencial (direção em que o Sol aparece) é possível determinar os pontos cardeais, colaterais e subcolaterais. Faz-se necessário, nesse momento, retomar os conhecimentos relacionados ao movimento de rotação da Terra, sua direção (oeste-leste), de modo que os alunos entendam o movimento aparente do Sol (leste-oeste). A utilização do globo terrestre e de uma lâmpada permite não só esse entendimento, como também a compreensão da sequência das horas e a alternância dia/noite. Essa questão envolve, também, a construção de relações temporais: sequência e simultaneidade. Apenas a apresentação das definições e o uso do mapa, sem essa visualização concreta, torna superficial o tratamento do assunto.

Ao trabalhar a rosa dos ventos, em especial os pontos subcolaterais, em vez de apresentar aos alunos a rosa dos ventos pronta e acabada, é interessante que o professor a construa juntamente com os alunos, levando-os a perceber que a nomenclatura dos pontos colaterais e subcolaterais surge a partir da junção dos nomes de duas direções. Por essa razão, julgamos ser mais fácil e de melhor entendimento para os alunos, a utilização da nomenclatura completa e não de forma abreviada como o livro apresenta. Por exemplo, entre o **norte** e o **nordeste**, encontramos o ponto subcolateral **norte-nordeste**. É claro que os alunos poderão utilizar a forma abreviada, mas a forma completa deverá ser apresentada para a real compreensão, evitando-se, assim, uma simples memorização das direções.

Outro aspecto que merece ser destacado são os instrumentos de orientação criados pelo homem, em especial a bússola. Mais do que conhecer detalhes de seu funcionamento, devemos ressaltar a importância e as mudanças que a invenção desses instrumentos causaram em uma sociedade que, à sua época (séculos XV e XVI), via a intensificação das viagens marítimas de longa distância, que resultaram nas viagens de "descobrimento". Além disso, faz-se necessário constatar a evolução tecnológica dos instrumentos de orientação, desde os mais antigos e simples até os mais modernos e complexos.

Todos os conceitos até aqui mencionados, embora aparentemente simples, são de fundamental importância para o encaminhamento do conceito das coordenadas geográficas.

As coordenadas geográficas constituem, sem dúvida, um importante tema de estudo dentro da geografia e apresentam certo grau de dificuldade para o aprendizado. Diante disso, é importante que o professor utilize, permanentemente, o globo terrestre e o planisfério, além de atividades bastante práticas.

O encaminhamento adotado pelo professor, no decorrer do estudo do tema, deverá permitir ao aluno a compreensão de que, enquanto os pontos de orientação indicam apenas direções, as coordenadas geográficas situam, com precisão, lugares da superfície terrestre.

A utilização da planta da cidade, em que o aluno visualize os cruzamentos, e jogos, como batalha naval, facilitam a compreensão dos conceitos de coordenadas geográficas.

Seguem sugestões de atividades práticas para a sala de aula.

7.3.1 Miniglobo terrestre – maquete

A fim de representar as linhas imaginárias e o maior número de conceitos a elas relacionados (paralelos, meridianos, latitude, longitude, hemisférios terrestres...) sugerimos uma atividade prática, a seguir descrita, que poderá ser desenvolvida individualmente ou em duplas.

Seguem moldes de peças para a montagem de um globo terrestre. Os moldes deverão ser recortados e traçados sobre um papelão (material mais firme, pode ser utilizada caixa de *pizza*). Após recortar as peças desenhadas no papelão, elas deverão ser encaixadas. Deverão ser traçadas três circunferências inteiras, divididas em quatro formatos diferentes. Será necessário recortar um determinado número de cada uma das peças. Observe a tabela a seguir.

Tabela 7.1 - Peças e quantidades – maquete do globo

Nº da peça	Quantidade
1	1
2	1
3	2
4	4

No molde que segue, as peças da maquete do globo estão numeradas de acordo com a tabela anterior.

Figura 7.1 - Molde para as peças – maquete do globo

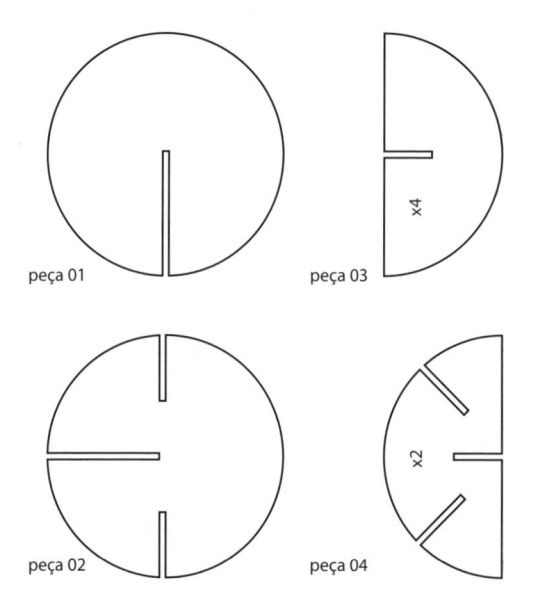

peça 01

peça 03 x4

peça 02

peça 04 x2

Segue agora o molde para o mapa mundo que deverá ser colocado ao redor da estrutura maquete, previamente montada.

Figura 7.2 - Mapa do mundo – molde para maquete do globo

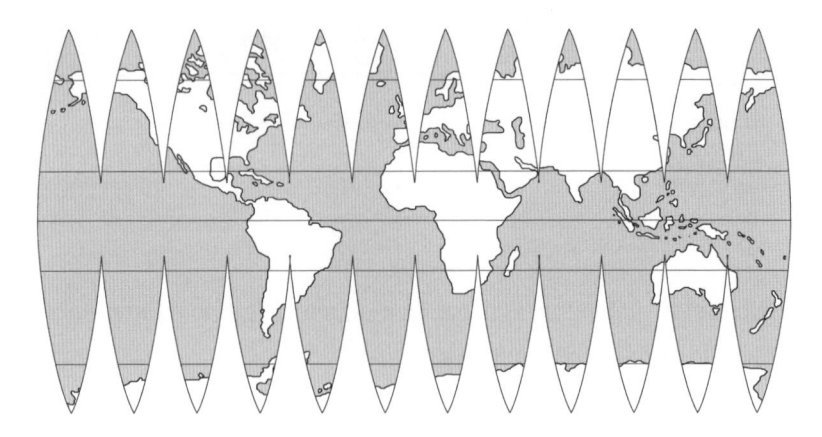

Ilustração: Rafael Ivancheche

As peças, depois de recortadas e encaixadas, serão entregues aos alunos, os quais receberão o molde em A3 da representação dos continentes e oceanos. Os alunos deverão pintar os oceanos de azul e as áreas continentais utilizando outras cores, diferenciando os continentes. Em seguida, recortar e colar a folha sobre o globo montado de papelão, de modo a envolvê-lo.

O uso desse miniglobo terrestre permite a exploração de inúmeros conceitos a serem trabalhados ao longo do trimestre.

Aspectos que poderão ser explorados:

~ Que semelhanças podemos perceber entre a Linha do Equador, os trópicos e os círculos polares representados?

~ Que diferenças podemos perceber entre a Linha do Equador, os trópicos e os círculos polares?

~ Como podemos caracterizar os meridianos?

~ Podemos visualizar diferenças entre o Meridiano de Greenwich e os demais meridianos? Quais?

~ O que difere os paralelos dos meridianos?

~ Por que razão essas linhas são chamadas de *linhas imaginárias*?

~ Que função elas têm?

As representações do globo produzidas em sala poderão permanecer guardadas na escola para utilização em outros momentos.

O professor poderá orientar a produção coletiva ou em dupla de um texto, registrando as conclusões obtidas na atividade.

7.3.2 Qual é o seu endereço – do globo à nossa casa

Para iniciar o estudo do lugar e sua localização, o professor poderá apresentar aos alunos o seguinte questionamento:

> Qual é o seu endereço?

O professor poderá colocar a pergunta no quadro e solicitar que cada aluno, sem conversar com os colegas, registre em seu caderno a resposta. Em seguida, os alunos poderão ser chamados para expô-la aos demais colegas da classe. Alguns responderão com o nome de sua rua, outros com o nome do bairro, da cidade ou do estado. O professor, então, poderá questionar qual resposta está correta.

O objetivo dessa discussão inicial é permitir aos alunos a compreensão de que todos temos um endereço, que esse pode ser localizado e que, em última análise, esse endereço é o universo.

Mais adiante, para introduzir o conceito de coordenadas geográficas, o professor poderá propor aos alunos brincar com o jogo Batalha Naval. Caso tenham esse jogo em casa, os alunos poderão trazê-lo para a escola. Caso não tenham, o professor poderá utilizar a sugestão apresentada nas Atividades para os alunos (ali constam as informações necessárias e as regras do jogo).

Destinar um tempo da aula para que os alunos, organizados em duplas, joguem.

Após um tempo, o professor poderá apresentar alguns questionamentos:

~ Que informações cada jogador teve que fornecer ao seu adversário?
~ Se apenas o número fosse indicado, seria possível localizar o alvo com precisão?
~ E se apenas a letra fosse indicada?
~ A que conclusões o jogo nos permite chegar?

A partir dessa brincadeira e da discussão que se seguiu a ela, o professor poderá apresentar o mapa-múndi e o globo terrestre e, por meio de alguns questionamentos, fazer um levantamento dos conhecimentos prévios dos alunos acerca do assunto.

~ Que relação podemos estabelecer entre o jogo Batalha Naval e o planisfério?
~ Qual seria a função das linhas traçadas no mapa e no globo?
~ Por que razão elas são chamadas de linhas imaginárias?

A partir disso, o professor poderá apresentar, paulatinamente, os conceitos referentes ao tema de estudo: paralelos e meridianos, latitude e longitude, utilizando, sempre, atividades práticas com o uso de mapas. É um momento que permite intensa utilização e exploração do atlas geográfico.

7.3.3 E vai rolar a festa

O professor deverá sugerir a realização de uma festa fictícia na casa de cada aluno da turma.

Para isso, cada criança, individualmente, deverá criar um convite, inserindo todas as informações necessárias.

Entre as informações, deverá constar o endereço completo do aluno e um mapa simplificado, que sirva como um roteiro, indicando o endereço da festa, bem como as ruas próximas e alguns pontos de referência (poderá ser definido que sejam, no mínimo, três).

A ilustração/decoração do convite ficará por conta de cada aluno. Vale a criatividade!

Após a verificação dos convites e os eventuais ajustes que se fizerem necessários, o professor poderá organizar uma brincadeira. Redistribuir os convites, aleatoriamente, entre os colegas da sala, observando para que ninguém receba o convite que elaborou.

Organizar uma festinha na sala. Cada aluno poderá levar um prato de doces ou salgados e o seu refrigerante. A sala poderá ser decorada com bexigas. Cada aluno poderá levar um presente para o colega de quem recebeu o convite. O professor poderá combinar com os alunos o valor do presente podendo ser, inclusive, R$ 1,99, evitando-se gastos maiores. Som não pode faltar!

Com certeza, será uma grande diversão!

7.3.4 Conversando com quem entende do assunto

O professor poderá fazer contato com algum profissional que utiliza, em sua atividade de trabalho, meios de orientação (controlador de voo, marinheiro), representante do Grupo de Busca e Salvamento (Corpo de Bombeiros) ou mesmo escoteiro.

Esse profissional será convidado para ir até a escola fazer uma palestra/entrevista com os alunos sobre os meios de orientação utilizados em sua atividade profissional, a importância de conhecê-los e de saber utilizá-los. Demonstrações também poderão ser feitas, o que atrai e envolve a atenção dos alunos.

Para esse momento, os alunos poderão organizar, previamente, as perguntas que serão feitas ao profissional.

Após a palestra, os alunos, organizados em grupos, poderão elaborar uma história em quadrinhos, relatando as informações obtidas acerca do assunto apresentado pelo profissional.

Os trabalhos poderão ser reunidos em um painel, cujo título será sugerido pelos estudantes.

7.3.5 Construção da bússola

A fim de compreender o funcionamento de um instrumento de orientação, o professor poderá orientar os alunos na construção de uma bússola, utilizando materiais simples.

Material necessário:
~ uma agulha imantada (para imantar uma agulha basta passar a sua ponta em um ímã, sempre na mesma direção);
~ uma rolha ou um pedaço de cortiça;
~ um prato fundo com água;
~ um potinho de tinta guache;
~ um pincel.

Como fazer:
~ pintar no prato a rosa dos ventos, localizando os pontos cardeais;
~ passar a agulha no meio da cortiça;
~ colocar a cortiça no prato com água;
~ observar se a cortiça flutua e se movimenta, indicando a ponta da agulha para a direção norte;
~ quando a agulha apontar para o norte, virar o prato até acertar a marcação com a direção norte.

O professor poderá ir para o pátio com os alunos e apresentar-lhes alguns questionamentos:
~ Partindo do lugar onde estamos, qual é a direção que devemos tomar para ir ao banheiro?
~ E à cantina?

Utilizar outros pontos de referência possíveis.

Ao final da atividade, é importante que o professor discuta com os alunos as conclusões, que poderão ser registradas no caderno.

Eles perceberão que, embora bastante rústica, essa bússola cumprirá a mesma função que outra feita por indústrias especializadas. Vale a pena conversar com eles sobre a importância que a bússola representou, em tempos passados, na época em que os navegadores baseavam-se na orientação pelos astros (Sol, Lua, constelações).

7.3.6 Caça ao tesouro

O professor deverá solicitar, previamente, que cada aluno traga bombons, pirulitos ou balas.

A turma deverá ser organizada em grupos de quatro alunos. O professor solicitará que cada equipe reúna as balas e os demais doces trazidos e faça um pacote e poderá fornecer a cada equipe uma sacolinha plástica ou outro material que sirva para guardar o "tesouro" que a equipe irá esconder.

Os alunos deverão ser levados até o pátio ou à área em que os tesouros serão escondidos, a fim de escolher e definir qual o lugar que servirá para esconder o tesouro.

Definido o lugar, os alunos deverão observar atentamente a área, a fim de mapeá-la.

De volta à sala, as equipes deverão elaborar um mapa, fornecendo pistas que levarão até o tesouro escondido. O mapa e as pistas deverão utilizar referenciais e pontos de orientação.

Quando os mapas estiverem prontos, o professor deverá liberar cada equipe, uma de cada vez, para esconder o tesouro, de acordo com o local indicado no mapa.

O professor deverá, então, recolher todos os mapas e redistribuí-los entre os grupos, de modo que cada equipe receba um mapa elaborado por outra equipe.

O professor poderá definir um tempo para que o tesouro seja encontrado.

Ao final, os alunos deverão avaliar a atividade. Alguns questionamentos poderão ser apresentados:

~ Quem teve dificuldades para encontrar o tesouro? Por quê?
~ Quem achou facilmente? Por quê?
~ Para que serviram as referências e os pontos de orientação?

Para avaliação, o professor deverá verificar se no mapa foram inseridos, de forma correta, os elementos solicitados.

Cada aluno poderá fazer no caderno ou em folha à parte, para entregar, o relato da atividade.

Por fim, é só saborear os "doces tesouros".

7.3.7 Brincadeira com a rosa dos ventos

Para o desenvolvimento dessa atividade é necessária a utilização da folha específica que segue.

O professor deverá solicitar, previamente, que os alunos tragam recortados de casa oito personagens de gibi.

Em sala, cada aluno deverá receber a folha para a realização da atividade.

O professor fará um "ditado", indicando pontos cardeais e colaterais.

Os alunos deverão colar os personagens do gibi no local correto, conforme a direção mencionada pelo professor.

Por exemplo, o professor dirá: "Rosa dos ventos nº 1 – direção norte". Os alunos deverão, então, colar o personagem do gibi na rosa dos ventos nº 1, direção norte. Na sequência, ele dirá: "Rosa dos ventos nº 2 – direção sudeste". E o aluno colará o personagem no local indicado, e assim sucessivamente, até a oitava rosa dos ventos.

Figura 7.3 – Rosa dos ventos

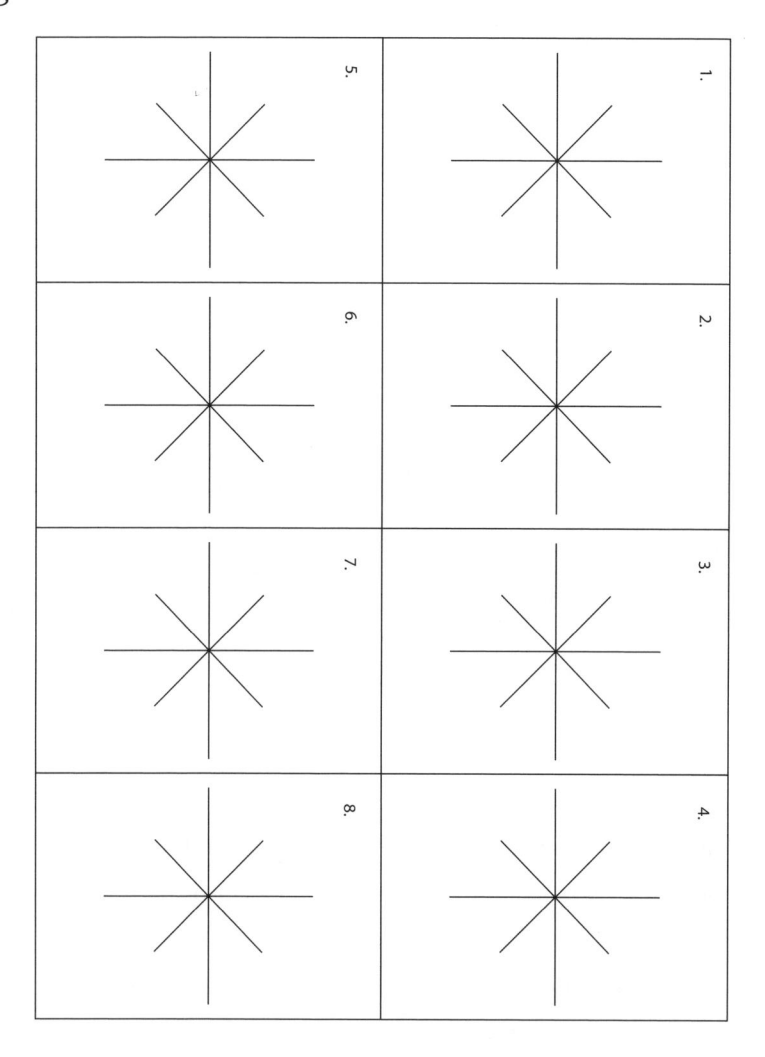

7.3.8 O que é, o que é?

O tema de estudo em questão apresenta um grande número de conceitos a serem trabalhados: localização, orientação, paralelos, meridianos, paralelo principal, meridiano principal, latitude, longitude etc.

Após as atividades para construção desses conceitos, o professor poderá desenvolver a sugestão aqui proposta.

Cada aluno receberá uma folha (consta sugestão na sequência), para registrar as respostas.

O professor deverá selecionar dez termos considerados elementos-chave relacionados ao tema de estudo.

Em seguida, de forma oral, deverá apresentar a definição de um desses termos e definir um tempo máximo que os alunos terão para registrar a resposta.

Individualmente ou em duplas, os alunos deverão descobrir a resposta, ou seja, o termo que foi definido ou caracterizado e registrá-la na folha.

A atividade deverá ser realizada de forma silenciosa. Ninguém poderá comentar ou pedir explicações. Assim, até a última pergunta.

No fim da atividade, o professor apresentará as respostas aos alunos, que deverão conferi-las, assinalando as corretas.

Termos que poderão ser utilizados: *lugar, localização, ponto de referência, orientação, pontos cardeais, pontos colaterais, pontos subcolaterais, bússola, paralelos, meridianos, Linha do Equador, meridiano de origem, antimeridiano, hemisférios norte e sul, hemisférios leste e oeste, latitude, longitude* etc.

A definição/caracterização apresentada pelo professor deverá ser clara e objetiva, não possibilitando dupla interpretação.

Exemplos:

~ Pergunta: direção colateral localizada entre as direções norte e leste. Resposta: nordeste.
~ Pergunta: linhas imaginárias, paralelas ao Equador, que diminuem à medida que se aproximam dos polos. Resposta: paralelos.

Segue o modelo de quadro para realização da atividade e correção das respostas dadas.

Figura 7.4 — Modelo de quadro de realização e correção da atividade

O que é, o que é?			
	Resposta	Certa	Errada
1			
2			
3			
4			
5			
6			
7			
8			
9			
10			
	Total de acertos/erros		

O professor poderá aumentar ou diminuir o número de perguntas apresentadas, bem como o tempo destinado para identificação e escrita de cada um deles e adaptar o quadro para cada uma das situações.

7.4 Linguagem dos "jornais/revistas" na sala de aula

Em muitas escolas os "periódicos", jornais, revistas e internet não fazem parte, ainda, da rotina de sala de aula. Não estamos aqui sugerindo que o uso desses materiais substitua o livro didático, mas que por meio deles possamos integrar o aluno ao mundo e possibilitar o desenvolvimento da consciência cidadã, tornando as crianças leitoras não só de textos, mas do mundo.

Sabemos da importância do livro didático na sala de aula, porém, sabemos também que ele não consegue acompanhar as mudanças resultantes do intenso processo de globalização, nesse caso, os materiais periódicos cumprem uma tarefa fundamental, a da atualização.

Assim, o trabalho com jornais e revistas (físicos ou digitais), além de possibilitar o enriquecimento e atualização do conteúdo escolar, contribui para que as informações e opiniões veiculadas se apresentem como um elo entre a sala de aula e a dinâmica da realidade social. Sob esse ponto de vista, o uso desse material na sala de aula cumpre uma ampla função na escola, uma vez que as notícias são apresentadas de diferentes formas: reportagens, artigos, resultados de pesquisas, informações de serviços, colunas, manchetes, fotografias, charges, ou seja, podem ser consideradas matéria-prima para o planejamento de nossas aulas.

O desenvolvimento da capacidade de seleção crítica da informação pelo aluno está ligado ao papel do professor na sala de aula. É ele quem pensa e organiza situações, estimula a criatividade e curiosidade para a formação do leitor que, por meio das informações amplia seu contingente cultural, desenvolve a sensibilidade para aprofundamento dos fatos e estabelece relações. O educador é o elo entre a informação e o entendimento, e isso pressupõe que sejamos nós, professores, leitores cientes da importância desse trabalho na escola.

Seguem algumas sugestões para direcionar esse trabalho.

7.4.1 Mudanças climáticas na América Latina

A vulnerabilidade da América Latina

América Latina e Caribe estão entre as regiões mais vulneráveis às mudanças climáticas. A constatação é destaque nos recentes relatórios de organizações mundiais de reconhecida credibilidade como a do Banco Mundial.

De acordo com os documentos, a situação da região é única no planeta. Isso porque o contexto do continente se difere tanto do cenário dos países desenvolvidos – principais responsáveis pelas emissões de carbono e com mais recursos e políticas para atuar diante do fenômeno das mudanças climáticas – quanto da condição vivida por nações em desenvolvimento de outros continentes – que quase não contribuem com as emissões, mas serão as mais atingidas pelos impactos da alteração do clima.

Com base nos documentos, as principais razões para que a região seja considerada uma das mais vulneráveis do planeta são:

~ a grande dependência do degelo andino para o fornecimento de água aos setores urbanos e agrícolas. Esse sistema pode entrar em colapso em decorrência do maior derretimento das geleiras;
~ a dependência da região em relação a atividades agrícolas. Para se ter uma ideia, a contribuição do setor para a economia latino-americana e caribenha gira em torno de 6% do Produto Interno Bruto (PIB). Já a participação nas exportações totais dos países chega a 20%;
~ o volume de cidades situadas em zonas costeiras. Com a elevação do nível do mar, muitas localidades terão problemas graves de infraestrutura. Aquelas que vivem do turismo sentirão ainda mais o impacto. Além disso, as mudanças climáticas vão atingir os recifes de corais, extremamente importantes para a regulação da vida oceânica, que, por sua vez, é fonte de renda para muitos países.

Fonte: Adaptado de Mudanças Climáticas, 2010.

Sugestão de questões para discussão e produção de texto com os alunos:

a) O que constatam os documentos a respeito das mudanças climáticas principalmente na América Latina e Caribe (América Central Insular)? Dê dois exemplos.

b) Cite e explique uma consequência socioeconômica das mudanças climáticas para a população dessa região do planeta e para as atividades industriais.

c) Por que a situação vulnerável da América Latina e Caribe é considerada "única" no planeta?

Professor, ao ler o texto, o aluno deverá perceber algumas características do continente americano em um tema global, como é o caso do clima. Um determinado lugar estar ou não vulnerável às mudanças de um sistema atmosférico condiciona uma mudança, ao longo do tempo, nas atividades econômicas, e isso reflete na sociedade, que pode fazer algo para amenizar o que está por vir. Segue, no próximo item, uma sugestão de atividade utilizando a linguagem do jornal, destacando agora uma problemática relacionada a uma das regiões do nosso país. Com base nessas sugestões, as demais regiões do país podem ser trabalhadas na sala de aula, tendo como proposta, levar o aluno à reflexão. Utilize o conteúdo do texto para formular novos questionamentos, porém, estes devem ir além, do que simplesmente fazer com que o aluno encontre respostas prontas no próprio texto.

7.4.2 Nordeste brasileiro e a seca

A reportagem seguinte é do jornal *Diário do Nordeste*, do dia 16 de junho de 2009. Leia com atenção e responda à questão.

"Falavam que as secas são a salvação do Nordeste, especialmente no Ceará". Os socorros que chegavam em forma de recursos adicionais, que só vinham nos períodos de estiagem (seca), eram um dos aspectos "da tão falada indústria da seca". A indústria da seca acaba beneficiando políticos e latifundiários, restando ao sertanejo partir em busca de outros estados ou das regiões litorâneas. Em 1970, fechava-se o ciclo de dez anos de planejamento no Nordeste, e a região ainda ficava exposta à seca.

Fonte: Seca..., 2009.

Explique a expressão sublinhada no texto e como esse processo ocorre.

Professor, ao responder a questão proposta, o aluno deverá consultar o material de apoio (como o livro didático, textos...) para buscar subsídios a respeito da indústria da seca. No texto, o aluno se depara com uma situação que acontece em uma região do país (uma realidade) e, no material de apoio, faz a relação com a teoria.

7.4.3 Impactos ambientais

O ser humano interfere nas reservas de água de diversas formas. Leia as manchetes que seguem e responda.

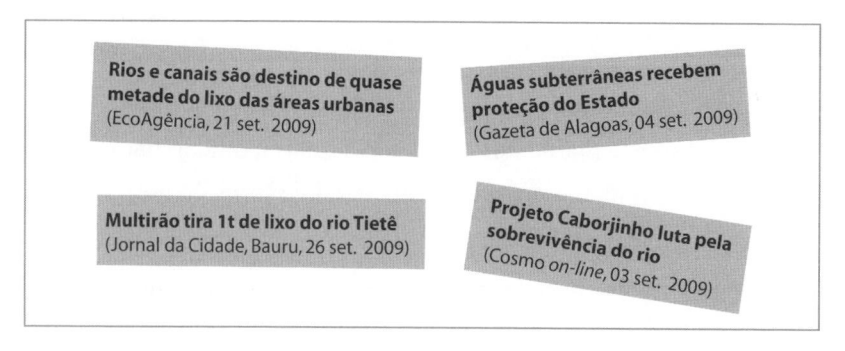

> Rios e canais são destino de quase metade do lixo das áreas urbanas
> (EcoAgência, 21 set. 2009)

> Águas subterrâneas recebem proteção do Estado
> (Gazeta de Alagoas, 04 set. 2009)

> Multirão tira 1t de lixo do rio Tietê
> (Jornal da Cidade, Bauru, 26 set. 2009)

> Projeto Caborjinho luta pela sobrevivência do rio
> (Cosmo on-line, 03 set. 2009)

a) Por que os recursos hídricos se tornam cada vez mais comprometidos e escassos?

b) Apresente uma sugestão relacionada à prática do desenvolvimento sustentável para os recursos hídricos.

Professor, as manchetes de jornais podem despertar a curiosidade de nossos alunos em relação ao estudo dos recursos hídricos. Normalmente, a preocupação com esses recursos começam quando o problema já está instalado. Aproveite o momento para realizar debates na sala de aula. Outro tema em que vários estudos se concentram é o das florestas, segue uma atividade no item seguinte.

7.4.4 Amazônia

A Amazônia é a maior superfície do planeta coberta por florestas tropicais. A respeito dessas florestas, leia o texto que segue e responda.

> Uma coisa engraçada aconteceu quando o governo do Brasil estava construindo a gigantesca usina que carrega o nome de Tucuruí, cidade na região oriental da Floresta Amazônica. Alguém esqueceu de cortar as árvores e desmatar a área de 2875 km² que seria inundada, e 20 anos depois isso se tornou um problema, além do principal, que foi imediato, a imensa área coberta pela água. A decomposição da vegetação resultou na emissão de milhões de toneladas de gases responsáveis pelo efeito estufa. [...]. Os cientistas temem que a crescente acidez da água do reservatório possa corroer as turbinas da usina. Infestações de mosquitos têm sido tão intensas que alguns assentamentos foram forçados a se mudar. Para resolver o problema, mergulhadores usando serras hidráulicas especiais nadavam até mais de vinte metros de profundidade, prendiam-se aos troncos de árvore submersos e os cortavam, assistindo depois aos troncos serem içados para a superfície por cabos de aço.

Fonte: Rohter, 2004.

a) Além de Tucuruí, outras usinas de menor porte também foram construídas na Amazônia. De acordo com o texto qual é o principal problema ambiental causado por essas hidrelétricas? Por que ele ocorre?

b) Um modelo de desenvolvimento que respeite a natureza da região amazônica precisa ser posto em prática. O texto apresenta uma solução para o problema gerado pela usina. A solução se enquadra nesse modelo? Por quê?

Professor, o problema ambiental destacado no texto é o de grandes áreas alagadas por causa da instalação de uma usina hidrelétrica em um rio de planície como são os que estão na região da Amazônia. Aproveite a oportunidade de estabelecer relações entre os aspectos naturais de um determinado lugar, pois a interferência em um desses aspectos desestabiliza os demais também.

Nos itens seguintes, apresentamos algumas sugestões de trabalho utilizando características econômicas, sociais e políticas de um determinado lugar.

7.4.5 América Central

Leia o texto e o quadro a seguir e faça o que se pede.

Tegucigalpa, 16/10/2009

A crise política em Honduras, que levou à detenção e ao exílio do presidente Manuel Zelaya pelo Exército do país, no dia 28 de junho de 2009, teve origem num enfrentamento do mandatário com os outros poderes estabelecidos do país: o Congresso, o Exército e o Judiciário.

O presidente Zelaya queria que as eleições gerais de 29 de novembro – quando seriam eleitos o presidente, congressistas e lideranças municipais – tivessem mais uma consulta sobre a possibilidade de se mudar a Constituição do país. Assim os eleitores decidiriam nessa consulta se desejavam que se convocasse uma Assembleia Constituinte para reformar a Carta Magna. Os críticos de Zelaya afirmam que sua intenção era mudar o marco jurídico do país para poder se reeleger, o que é vetado pela atual Constituição.

Fonte: Presidente..., 2009.

República de Honduras	
Nome Oficial: República de Honduras	Capital: Tegucigalpa
Independência: 15 de setembro de 1821.	Idioma: Espanhol
Moeda: Lempira (1HNL = R$ 0,10)	Principal religião: Católica (97% da população)
PIB: US$ 12,3 bilhões	População: 7,8 milhões de pessoas

Disponível em: Portal Brasil, 2010.

a) A ação de governos autoritários ligados aos interesses da pequena classe dominante tem provocado crises e revoltas populares em várias regiões do mundo. O texto anterior trata de qual região mundial? Escreva de modo a localizá-la no mapa ao lado.

b) Além de Honduras, a instabilidade política também atinge o Haiti, que, entre outros aspectos, apresenta elevados índices de corrupção. Cada um desses países localiza-se em uma parte distinta dessa região da América. Associe cada país à sua região marcando um X.

c) Assinale com um X as afirmativas que correspondem corretamente às características dessa região do continente.

Ilustração: Rafael Ivancheche

País	Região insular	Região ístmica
Honduras	( )	( )
Haiti	( )	( )

( ) De modo geral, a característica mais marcante dos países dessa região da América é a pobreza, resultado, entre outros fatores, do colonialismo, que se estendeu até o início do século XX.

( ) As atividades do setor primário da economia, principalmente a agricultura, destacam-se nessa região da América.

( ) O setor industrial não apresenta grande desenvolvimento, porém, em virtude da não cobrança de imposto de renda em alguns países, várias empresas norte-americanas optaram por abrir escritórios em ilhas da região, para diminuir os custos dos impostos.

( ) A atividade turística não é desenvolvida na região, pois não há atrativos naturais, econômicos ou culturais que possam garantir o sucesso da mesma.

( ) A População Economicamente Ativa (PEA) se concentra nas atividades do setor industrial, responsável por cerca de 80% das riquezas geradas pelos países.

Professor, o colonialismo marca algumas regiões do continente americano. Converse com seus alunos a respeito das marcas que o continente apresenta até hoje por causa disso. As três primeiras afirmativas do item c, estão corretas, porém é importante trabalhar com os alunos o porquê das outras duas estarem incorretas. Na quarta afirmativa (incorreta) o turismo aparece como atividade que não se desenvolve por falta de atrativos na América Central. Vale lembrar os alunos que essa porção do continente americano está em área tropical do planeta, com temperaturas elevadas, que atraem turistas o ano todo. Quanto à última alternativa, a incorreção se dá quanto à atividade que mais emprega essa população, que no caso é a do setor primário e de serviços.

7.4.6 Cuba

A história de Cuba é marcada por incidentes e revoltas contra a dominação estrangeira. A ocupação de Cuba pelos Estados Unidos deixou uma herança que continua a funcionar como fonte de atrito entre esses dois países: a Base Militar de Guantánamo. Leia o texto e faça o que se pede.

> **Guantánamo**
>
> Para entender um pouco melhor a relação complicada entre Washington e Havana, a província de Guantánamo, no leste da ilha cubana, representa um retrato do conflito. No local dividido entre dois inimigos ideológicos, separados por 145 quilômetros de mar e quase meio século de desconfianças, de um lado está a cidade de Guantánamo, na qual vivem 200 mil pessoas numa mistura de cultura soviética e colonial, carros americanos da década de 1950 e *slogans* revolucionários contrastando com o restante do país com população mestiça, descendente de espanhóis e africanos predominantemente. Do outro lado da cidade de Guantánamo, atrás de uma cadeia de montanhas, está a base americana, casa de 10 mil soldados da Marinha, em que fica o único McDonald's de Cuba e a mais controversa detenção do mundo, na qual estão presos 248 suspeitos de terrorismo. A República de Cuba não é só isso. É uma ilha tropical localizada no Mar do Caribe, de azul turquesa e muito famoso. E os que pensam tratar-se de uma Ilha com coqueiro no meio terão uma surpresa muito grande ao constatarem que sua dimensão chega a 1.200 km de uma ponta a outra (mais ou menos a mesma distância de Brasília a Curitiba).

Fonte: Saiba..., 2009.

a) Circule a localização de Cuba no mapa do continente americano.

Ilustração: Rafael Ivancheche

b) O texto que você leu apresenta uma característica geográfica importante do território cubano. Explique qual é essa característica.

c) O texto também apresenta algumas características da população e do espaço econômico de Cuba. Cite e explique uma delas.

Professor, o trabalho de aspectos gerais de um determinado lugar pode começar com textos de periódicos como o apresentado anteriormente. Cuba é um país polêmico que gera diferentes reações entre as pessoas. Muito se fala, mas poucos conhecem, de fato, o país. A fim de que não se discuta apenas a questão político-econômica do socialismo como sistema de governo vigente, o professor poderá orientar trabalhos de pesquisa a respeito de vários outros aspectos do país.

7.4.7 Saúde e ambiente

Segundo Branco (2010), "Poluição é a modificação de características de um ambiente de modo a torná-lo impróprio às formas de vida que ele normalmente abriga. No Brasil, 60% dos gastos com internações hospitalares são de pacientes com doenças causadas pela água poluída."
Observe o gráfico a seguir e responda às questões.

Gráfico 7.1 — Moradores em domicílios urbanos sem saneamento básico adequado (em %)

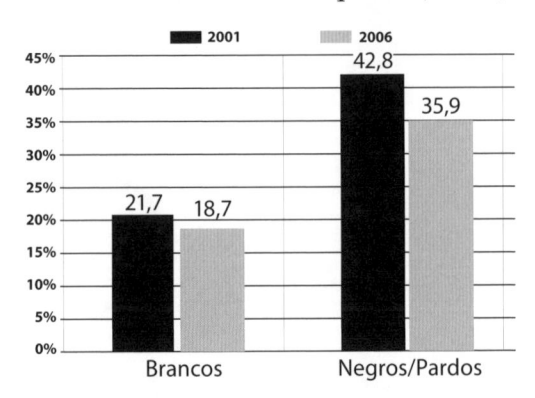

	2001	2006
Brancos	21,7	18,7
Negros/Pardos	42,8	35,9

a) Que relação podemos fazer entre as desigualdades sociais e de renda que caracterizam a população brasileira e o meio ambiente?

b) Para diminuirmos a desigualdade de renda da população, não basta termos investimento só em saneamento básico adequado. Cite outra problemática social que necessitaria, com urgência, de recursos e justifique sua resposta.

> A pesquisa mostra que o desemprego, o aumento nos preços dos produtos e as dificuldades para os pagamentos das dívidas são os maiores temores dos brasileiros em relação à crise.

Fonte: Guerreiro, 2009.

A manchete que você acabou de ler mostra uma série de problemas ocasionados pela crise econômica que afeta o mundo atualmente. Porém, outros fatores também são responsáveis pelo desemprego em países subdesenvolvidos e em desenvolvimento, como o Brasil.

Professor, solicite aos alunos que citem e expliquem um desses fatores.

7.4.8 Índice de Desenvolvimento Humano (IDH)

Segundo o último cálculo, divulgado no final de 2008, 177 países e territórios foram incluídos no estudo do IDH. A respeito desse assunto, leia o texto e responda às questões.

> Morar em uma cidade ou país com alto Índice de Desenvolvimento Humano (IDH) significa ter melhores oportunidades econômicas, sociais, culturais e políticas. O inverso também serve para as localidades com IDH baixo. Em 2010, o índice completa 20 anos de existência. Nesse período, vários países oscilaram nos critérios de avaliação do *ranking*, elaborado pelo Programa das Nações Unidas para o Desenvolvimento (PNUD). O Brasil foi um deles. Somente em 2007, o país conseguiu entrar pela primeira vez no grupo de nações consideradas de alto desenvolvimento humano. Entretanto, cidades brasileiras avaliadas pelo PNUD continuam mostrando que ainda há muito que melhorar.

Fonte: Índice..., 2009.

a) O texto destaca algumas vantagens de se morar em uma cidade ou país com alto IDH. O que caracteriza o IDH desse local?

b) Qual contradição é possível constatar quando se analisa o IDH do Brasil?

7.4.9 Astronomia

O hábito de olhar o céu despertou muita curiosidade no ser humano. Com o passar do tempo, determinados grupos humanos foram estabelecendo mais e mais relações entre o que acontecia na Terra e o que observavam no céu e perceberam que além do nosso planeta, existem muitos outros. Alguns são coloridos e enormes, outros mais distantes e misteriosos... Com base nesse contexto, leia a tirinha a seguir e faça o que se pede.

Ilustração: Associação Franciscana de Ensino Senhor Bom Jesus

a) O que é e de que é composto o espaço sideral? Complete o quadro.

O que é?	De que é composto? Apresente dois exemplos.

b) A Via Láctea é uma entre bilhões de outras. Apresente duas características dessa galáxia.

c) As distâncias entre as estrelas não são medidas em quilômetros, mas em anos-luz. Analise as alternativas e marque com X a **única** que explica o que é essa unidade de medida.
( ) Equivale a distância percorrida pela luz em um ano.
( ) É a iluminação recebida pelo planeta Terra durante o período de um ano.
( ) É o nome dado a distância que existe entre a Terra e os demais astros do Universo.

Leia o texto que segue e faça o que se pede.

> Um visitante da Nuvem Oort, em janeiro de 2007 transformou-se no cometa mais brilhante do século XXI. Astrônomos calcularam que o cometa aproximou-se do Sol ao fim de uma viagem que iniciou há dez milhões de anos. Acredita-se que essa bola de gelo sujo partiu de um berçário que abriga perto de um trilhão de cometas. Esse berçário de cometas fica no exterior da Nuvem Oort, a pelo menos 1,5 ano-luz do Sol

Fonte: Reddy, 2007, p. 43-44.

a) Que tipo de astro é o visitante da Nuvem de Oort?
b) Cite três características comuns a esse tipo de astro.

7.4.10 Imagens do Brasil

Examinando fotos em jornais, revistas ou *sites* da internet, podemos comparar diferentes paisagens. Cada foto expressa as características de um determinado lugar em um determinado momento histórico. As fotos a seguir caracterizam diferentes espaços do território brasileiro da atualidade. Analise-as e faça o que se pede.

FOTO 1:	FOTO 2:
Foto: Ricardo Azoury	Foto: Raphael Bernadelli
Favelas, característica de grande parte das cidades brasileiras	Prédios de classe média

a) A análise das fotos nos permite a elaboração de algumas hipóteses a respeito da diversidade de paisagens existente em nosso país e das condições de vida da população. Apresente duas dessas hipóteses.

Hipótese 1: _____

Hipótese 2: _____

b) Se considerarmos na foto 1 a relação entre sociedade e natureza, podemos afirmar que há algum tipo de problema evidenciado nessa paisagem? Qual e por quê?

Confira o resultado completo no gráfico a seguir, depois responda as questões de acordo com as informações observadas.

Gráfico 7.2 – Problemas ambientais mais graves em um bairro

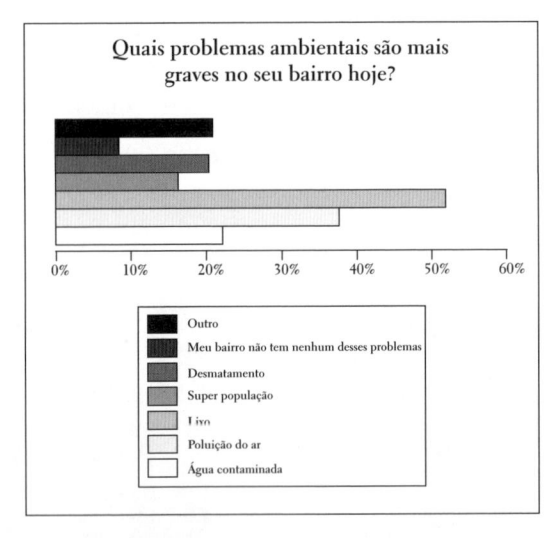

Quais problemas ambientais são mais graves no seu bairro hoje?

- Outro
- Meu bairro não tem nenhum desses problemas
- Desmatamento
- Super população
- Lixo
- Poluição do ar
- Água contaminada

Fonte: Fala São Paulo, 2005.

a) Qual o problema mais votado na pesquisa?
b) Por que é grande a quantidade de problemas ambientais na cidade de São Paulo? Explique.

7.4.11 Recursos naturais

A sociedade depende dos recursos naturais para sobreviver, esses recursos juntamente com a luz solar, são chamados de *recursos naturais* classificados em renováveis e não renováveis. Nesse contexto analise os gráficos e responda:

Gráfico A — Produção mundial de petróleo

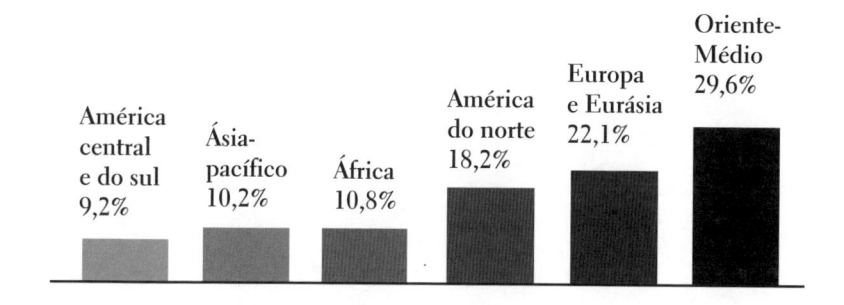

América central e do sul 9,2%
Ásia-pacífico 10,2%
África 10,8%
América do norte 18,2%
Europa e Eurásia 22,1%
Oriente-Médio 29,6%

Gráfico B — Uso da madeira no Brasil

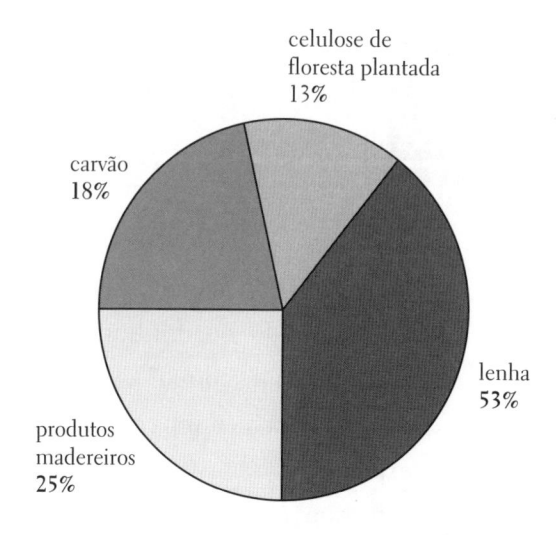

- celulose de floresta plantada 13%
- carvão 18%
- produtos madereiros 25%
- lenha 53%

a) Qual dos gráficos trata de um recurso natural renovável?
( ) Gráfico A
( ) Gráfico B

b) O que diferencia os recursos naturais renováveis dos não renováveis?
c) Cite um exemplo da importância dos recursos naturais no seu dia a dia.

Analise os quadrinhos e responda.

Ilustração: Associação Franciscana de Ensino Senhor Bom Jesus

Na história, o rato, com medo do gato, corre por várias regiões do mundo, o que deixou o cenário dos quadrinhos bem variado.
a) Que tipo de paisagens o rato percorreu?
b) Em qual dos quadrinhos aparece uma paisagem urbana? Indique o número e explique.
c) E qual é o quadrinho que mostra uma paisagem natural? Indique o número e explique.
d) O que torna as paisagens pelas quais o rato passou tão diferentes umas das outras? Explique sua resposta.

7.5 Jogos na sala de aula

A brincadeira não tem fronteiras e sempre esteve presente na vida de nossos alunos. Por meio desse tipo de atividade se aprende, além do conteúdo presente, a conviver e respeitar regras.

O jogo como ferramenta no processo de ensino-aprendizagem terá a importância que o professor, como mediador, atribuir-lhe, por isso é necessário evitar que o fator "sorte" interfira na brincadeira, fazendo assim um vencedor, aquele que, por meio de estratégias e conhecimento, termine a jogada.

O jogo pode atuar também como potencializador na construção do conhecimento, sistematizando conceitos de forma lúdica. Professor, aproveite bem esse recurso oportunizando-o em momentos planejados em sala de aula.

7.5.1 Jogo do bingo

Bingo 1

1. Iniciar a aula com palavras-chave no quadro-de-giz.

1. Paisagem	7. Equador	13. Paralelos	19. Rotação	25. Dia e noite
2. Geóide	8. Setentrional	14. Meridianos	20. Translação	26. Americano
3. Satélite Artificial	9. Meridional	15. Planisfério	21. Oeste-leste	27. Planalto
4. Sistema Solar	10. Oriental	16. Escala	22. 365 dias	28. Energia elétrica
5. Terra	11. Ocidental	17. Amapá	23. 24 horas	29. São Francisco
6. Continentes	12. Greenwich	18. Rio Grande do Sul	24. Estações do Ano	30. Ilhas

2. Cada aluno deverá, então, receber uma cartela em branco, como a que segue (uma sugestão é que a cartela seja feita no próprio caderno).

3. O aluno deve escolher 20 das 30 palavras do quadro para completar a tabela em branco (pedir aos alunos que escrevam com caneta para evitar alterações no meio do jogo).
4. Feito isso, o jogo começa com o professor perguntando e o aluno respondendo. Quem tiver a resposta na sua cartela, marca um X.
5. O critério para vencer o jogo deve ser estabelecido antes de começar a brincadeira.

Obs.: Se a cartela foi feita no caderno (se não foi, pode ser colada nele) o aluno poderá, então, para finalizar, elaborar uma pergunta para cada palavra escolhida. Sendo assim, cada aluno terá um registro importante no seu caderno além de revisar os conteúdos do trimestre.

Perguntas para o bingo (utilize-as de forma aleatória)

- ~ Um dos elementos de estudo da área de geografia. **Paisagem**.
- ~ Forma do planeta Terra. **Geoide**.
- ~ Um dos instrumentos que proporcionaram ao ser humano um conhecimento mais concreto a respeito dos planetas e do Sistema Solar. **Satélite artificial**.
- ~ Sistema onde há nove planetas conhecidos com características próprias. **Sistema Solar**.
- ~ Terceiro planeta do Sistema Solar. **Terra**.
- ~ Formam a maior parte do conjunto das terras emersas da Terra. **Continentes**.
- ~ Linha imaginária que divide a Terra em hemisférios Norte e Sul. **Equador**.

- É o mesmo que Norte. **Setentrional.**
- É o mesmo que Sul. **Meridional.**
- É o mesmo que Leste. **Oriental.**
- É o mesmo que Oeste. **Ocidental.**
- É o principal meridiano do planeta Terra. **Greenwich.**
- Linhas imaginárias traçadas a partir do Equador. **Paralelos.**
- Linhas imaginárias traçadas a partir de Greenwich. **Meridianos.**
- Representação plana da Terra. **Planisfério.**
- Usada para sabermos quantas vezes o espaço real foi diminuído para ser mapeado. **Escala.**
- Estado localizado ao norte de São Paulo. **Amapá.**
- Estado localizado ao sul de São Paulo. **Rio Grande do Sul.**
- Movimento que a Terra realiza em torno do seu próprio eixo. **Rotação.**
- Movimento que a Terra realiza ao redor do Sol. **Translação.**
- Sentido do movimento de rotação. **Oeste-leste.**
- Tempo aproximado do movimento de translação da Terra. **365 dias.**
- Tempo aproximado do movimento de rotação da Terra. **24 horas.**
- Resultado do movimento de translação da Terra. **Estações do ano.**
- Resultado do movimento de rotação da Terra. **Dia e noite.**
- Continente que geograficamente se divide em Norte, Central e do Sul. **Americano.**
- Uma das formas do relevo. **Planalto.**
- Energia produzida a partir da força da água dos rios. **Energia elétrica.**
- Maior rio totalmente brasileiro. **São Francisco.**
- Um tipo de paisagem que forma o litoral do Brasil. **Ilhas.**

7.5.2 Charadas

Procedimentos:

1. Organizar a turma em grupos, com quatro ou cinco alunos.
2. Entregar a cada grupo uma charada (ver anexo) com resposta e pedir que dividam a questão em três partes, para que a equipe adversária tenha três chances para respondê-la.
3. Fixar, no quadro-negro, um mapa-múndi (mudo) com a regionalização dos continentes. A atividade também pode ser realizada com o auxílio de um globo de isopor, com o desenho dos continentes para que as ilustrações dos pontos turísticos sejam fixados. (Ou no mapa ou no globo).
4. Explicar aos alunos que o grupo que responder corretamente à charada, ou seja, que acertar o nome do país e do ponto turístico, deverá procurar em uma caixa a ilustração correspondente (ver anexo) e colá-la sobre o continente representado no globo ou no planisfério.
5. Colocar, em uma caixa, recortes com os desenhos de pontos turísticos, para que os alunos possam manuseá-los e retirar o que corresponde à charada cuja resposta tenham acertado.
6. Premiar o grupo que fizer mais pontos ou os que se classificarem nos primeiros lugares, com viagens e presentes imaginários (ver sugestões nos anexos), que deverão ser anunciados com a leitura da descrição do prêmio.
7. Organizar, em envelopes coloridos, os textos com as descrições dos prêmios imaginários que os grupos receberão ao final do jogo.
8. Sugestão de sequência para os grupos:

1.ª rodada	
Pergunta	Responde
A	B
B	C
C	D
D	E
E	A

2.ª rodada	
Pergunta	Responde
B	D
D	C
C	A
A	E
E	B

3.ª rodada	
Pergunta	Responde
D	A
A	B
B	E
E	C
C	D

4.ª rodada	
Pergunta	Responde
C	A
A	D
D	B
B	E
E	C

Charadas

1. Você conhece "a cidade mais pontual do mundo"? Ela foi fundada pelos romanos há dois mil anos, fica no continente europeu e é delimitada ao norte pela Escócia e, ao oeste, pelo País de Gales. Hoje é um dos pontos turísticos mais visitados. O responsável pela fama da pontualidade é um relógio enorme, que, desde 1859, marca as horas oficiais do mundo inteiro e é considerado referência para os demais países, que calculam as horas de acordo com o horário oficial do meridiano de Greenwich.
Coordenadas geográficas: 52° N, 0°
Resposta: Big Ben – Londres – Inglaterra.

Ilustração: Associação Franciscana de Ensino Senhor Bom Jesus

2. Localizada no continente asiático, no país mais populoso do mundo, é a única construção na Terra que pode ser vista da Lua, a olho nu. Foi construída no século III a.C. para proteger o país de invasões da Mongólia e do Império Tártaro e tem seis mil quilômetros de extensão.
Coordenadas geográficas:
40° N, 116° L
Resposta: Grande Muralha – China.

Ilustração: Associação Franciscan de Ensino Senhor Bom Jesus

3. Foi um presente do governo francês ao governo americano, para comemorar cem anos de independência do país que antes era colônia da Inglaterra. Localiza-se em uma das cidades mais agitadas do mundo, conhecida como a cidade que nunca dorme, está localizada em uma ilha que não tem praia, fica na beira de um grande rio chamado *Hudson*. Esse monumento é uma mulher enorme feita de cimento. O braço direito da estátua fica sempre para cima, segurando uma tocha de fogo.
Coordenadas geográficas: 21° N, 74° L
Resposta: Estátua da Liberdade – Nova York – EUA.

Ilustração: Associação Franciscana de Ensino Senhor Bom Jesus

4. Localizado na América do Norte e delimitado ao norte pelos Estados Unidos e, a oeste, pelo Oceano Pacífico, nesse país está um importante ponto turístico mundial, que provavelmente foi construído no século XII, pelos maias, um povo que tem uma história de mais de três mil anos. Eles desenvolveram apuradas técnicas de observação do céu e dos astros, seus cálculos previam os eclipses do Sol e as órbitas dos planetas, esse monumento servia de observatório.
Coordenadas geográficas aproximadas:
23° N, 102° O
Resposta: Pirâmide de Sol – México.

Ilustração: Associação Franciscana de Ensino Senhor Bom Jesus

5. Localizado nas coordenadas 60° de latitude norte e 60° de longitude leste, esse país é o mais extenso do mundo, dividido entre dois continentes, Ásia e Europa. Esse ponto turístico fica na capital, localizado na Praça Vermelha, na qual também fica o Kremlin, sede do governo. Diz a lenda que o responsável por essa construção foi um arquiteto italiano que era cego e foi contratado exatamente porque sua obra não seria parecida com nenhuma outra que já existisse.

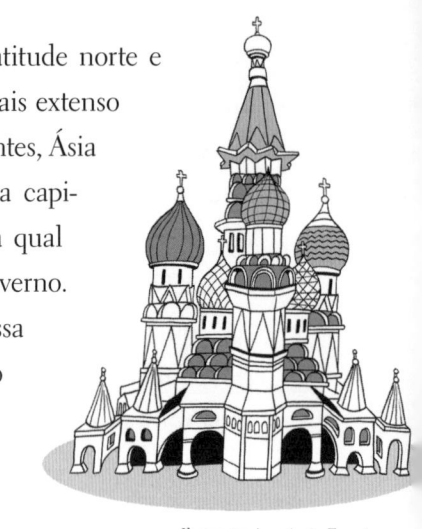

Ilustração: Associação Franciscana de Ensino Senhor Bom Jesus

Resposta: Catedral São Basílio – Rússia.

6. Localizado na capital da Itália, ele se parece muito com um estádio de futebol. Agora, imagine que nesse estádio a bola não rolava, que em vez do gramado e dos jogadores existiam leões e homens que se enfrentavam até a morte. É isso que acontecia há dois mil anos, antes de inventarem o futebol e o cinema! Ainda bem que hoje não é assim, não é mesmo?

Coordenadas geográficas aproximadas: 42° N, 12°L

Resposta: Coliseu – Roma – Itália.

Ilustração: Associação Franciscana de Ensino Senhor Bom Jesus

7. Localizado na América do Sul, delimitado a leste pelo Brasil e, a oeste, pelo Oceano Pacífico, nesse país há uma cidade escondida nas montanhas, construída pelos incas, um povo que viveu ali no século XV.
Coordenadas geográficas: 13° S, 72° O
Resposta: Machu Picchu – Peru.

Ilustração: Associação Franciscana de Ensino Senhor Bom Jesus

8. Você já viu um prédio torto? Localizado em um país do sul do continente europeu, é uma das construções mais famosas do mundo, um prédio inclinado, que parece que vai cair. Foi construído durante a Idade Média, em uma cidade que era muito poderosa. Ele começou a ficar inclinado antes mesmo de terminarem a construção do terceiro andar, pois o chão do lugar tinha muita areia. Ninguém quer que ele caia, por isso há cabos de aço que o seguram. As cidades de Sicília e Vêneto pertencem ao mesmo país em que esse prédio está localizado.
Coordenadas geográficas: 43° N, 10° L
Resposta: Torre de Pisa – Itália.

Ilustração: Associação Franciscana de Ensino Senhor Bom Jesus

9. Localizado no continente delimitado ao norte pelo Oceano Glacial Ártico, a oeste pelo Oceano Atlântico e, ao sul, pelos Mares Mediterrâneo, Negro e Cáspio, esse país é formado por muita ilhas e praias e foi lá que nasc ram as olimpíadas! O ponto tui tico mais famoso desse país é ur templo magnífico, construído com mármore, em homenagem à Deusa Atena. Coordenadas geográficas: 39° N, 22° L

Ilustração: Associação Franciscana de Ensino Senhor Bom Jesus

Resposta: Paternon – Grécia.

10. Localizado a 30° de latitude norte e 30° de longitude leste, nesse país estão umas das mais belas e antigas construções do mundo. Ninguém sabe ao certo como elas foram construídas e acredita-se que eram edifícios funerários nos quais seriam colocados os faraós que, que naquela época, eram os governantes do país.
Resposta: Pirâmides do Egito.

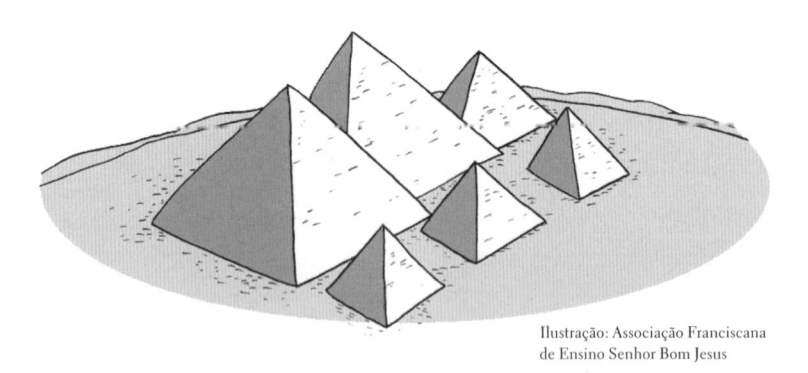

Ilustração: Associação Franciscana de Ensino Senhor Bom Jesus

11. Está localizado entre as fronteiras de três países: Brasil, Argentina e Paraguai. A vista mais bela desse ponto turístico pode ser observada por quem está no país de 25° de latitude e 60° de longitude oeste. Para se poder chegar bem pertinho, passarelas foram construídas e, ao passar por elas, é inevitável ficarmos todos molhados.

Ilustração: Associação Franciscana de Ensino Senhor Bom Jesus

Resposta: Cataratas do Iguaçu – Brasil.

12. Dizem por aí que Deus é brasileiro, se isso é verdade não se sabe, mas há no país uma estátua na qual ele está sempre de braços abertos. Quando se pensa no nosso país, logo vem à cabeça praia, sol, futebol, música e a "cidade maravilhosa", onde esse ponto turístico está localizado.
Coordenadas geográficas: 22° S, 43° O
Resposta: Cristo Redentor – Rio de Janeiro.

Ilustração: Associação Franciscana de Ensino Senhor Bom Jesus

13. País delimitado ao sul pelo Oceano Índico e ao norte pela China, é o segundo país mais populoso depois da China e o sétimo em extensão territorial. Nele está localizada uma das sete maravilhas do mundo, que foi construída por causa de uma linda história de amor. O príncipe persa Shah Jahan era muito poderoso e namoradeiro. Ele tinha um harém: eram mais de trezentas moças

à disposição do príncipe. Certo dia, quando estava com 21 anos, Shah Jahan se apaixonou por uma dessas namoradas, chamada Arjumand Begum. De uma hora para outra, nenhuma de suas trezentas namoradas o fazia feliz. O príncipe não queria saber de mais ninguém. Shah Jahan e a bela Arjumand casaram-se e tiveram 13 filhos!

Ilustração: Associação Franciscana de Ensino Senhor Bom Jesus

Quando o 14º filho de Shah Jahan e Arjumand estava nascendo, ela não suportou as dores do parto e morreu. O príncipe se desesperou e quase morreu também, de tristeza e desgosto. Para abrigar o corpo de sua amada, ele decidiu construir um palácio, que hoje é visitado por pessoas do mundo todo.

Coordenadas geográficas: 27º N, 78º L

Resposta: Taj Mahal – Índia.

14. Localizado no país que faz fronteira com 10 dos 13 países da América do Sul, delimitado a leste pelo Oceano Atlântico e, ao sul, pelo Uruguai. Esse ponto turístico está situado em um estado que possui clima subtropical. É um parque estadual que apresenta formações rochosas de milhões e milhões de anos, que foram figuras impressionantes, a mais conhecida e símbolo do parque é a figura de uma taça.

Coordenadas geográficas: 25º S, 50º O

Resposta: Vila Velha – Paraná.

Ilustração: Associação Franciscana de Ensino Senhor Bom Jesus

15. Localizado em um país do extremo Oriente, conhecido como terra do sol nascente, formado por um arquipélago, situando-se na costa leste da Ásia, inteiramente dentro da zona temperada. Em sua capital se encontra a maior aglomeração urbana do mundo, com mais de 70 milhões de habitantes. Esse ponto turístico recebe anualmente cerca de 800.000 mil visitantes, é um castelo feito de madeira, sua construção foi iniciada por Terumasa Ikeda em 1601, que governava a área da região da província de Hyogo. A construção demorou oito anos para ser concluída e contou com a força de aproximadamente de 24 milhões de trabalhadores. Coordenadas geográficas aproximadas: 36° N, 138° L

    Ilustração: Associação Franciscana de Ensino Senhor Bom Jesus

    Resposta: Castelo Himeji – Japão.

16. Esse país está localizado no continente europeu, especificamente na Europa Ocidental. Limitado ao norte pelo Canal da Mancha, que separa o continente das Ilhas Britânicas, pela Bélgica e Luxemburgo; a leste pela Alemanha, Suíça e Itália; ao sul pelo Mar Mediterrâneo e pela Espanha e, a oeste, pelo Oceano Atlântico. O principal ponto turístico é um símbolo do país, é uma torre oca, sem paredes, toda feita de aço. Ela tem a forma de um triângulo pontiagudo, alongado para cima, e mede 320 metros de altura (como um prédio de cem andares). Foi construída para uma exposição em 1889 e depois deveria ser removida, mas como ficou muito bonita e como todos gostaram dela

    Ilustração: Associação Franciscana de Ensino Senhor Bom Jesus

permenece até hoje, sendo visitada por milhares de pessoas.
Coordenadas geográficas: 45° N, 5° L
Resposta: Torre Eiffel – França.

17. Localizada na única cidade do mundo que faz parte de dois continentes: um pedacinho dela está na Europa, outro na Ásia. O estreito de Bósforo, que fica no meio da cidade, é um canal de água que liga o Mar de Mármara ao Mar Negro, e separa os dois continentes. O lugar mais visitado desse país é uma Basílica, a quarta maior igreja cristã do mundo (a Basílica de São Pedro, no Vaticano, é a primeira). O nome dela significa "divina sabedoria".
Coordenadas geográficas aproximadas: 42° N, 22° L

    Ilustração: Associação Franciscana de Ensino Senhor Bom Jesus

    Resposta: Basílica Santa Sofia – Istambul – Turquia.

18. Localizado a 30° de latitude sul e 150° de longitude leste, esse país é o maior de seu continente, seu nome vem do latim e significa "do sul". O lugar mais visitado do país fica na cidade que foi sede das Olimpíadas de 2000, e seu edifício foi concluído em 1973, constituindo uma marca geográfica, que colocou todo o continente no mapa mundial. O local tem cerca de mil divisões, incluindo cinco teatros, cinco estúdios de ensaio, dois auditórios, quatro restaurantes, seis bares e numerosas lojas de recordações.
    Resposta: Ópera House – Sidney – Austrália.

Ilustração: Associação Franciscana de Ensino Senhor Bom Jesus

19. Localizado na cidade que foi a primeira capital do Brasil, de 1549 até 1763, antes que esta perdesse o posto para o Rio de Janeiro. Esse bairro é muito antigo, é o maior conjunto de arquitetura colonial preservado na América Latina. São mais de 350 prediozinhos considerados Patrimônio Cultural da Humanidade. Além das casas antigas, apresenta restaurantes, bares e muita música. Três blocos de carnaval costumam tocar nas ruas: o Olodum, o Ilê-Ayê e os Filhos de Gandhi. Com sorte, passeando pelo bairro, podemos ver também apresentações de capoeira, uma dança de origem africana, trazida pelos escravos negros para o Brasil.

Coordenadas geográficas: 12° N, 38° O

Resposta: Pelourinho – Salvador – Bahia.

20. Localizada no menor país do mundo, é a maior de todas as igrejas católicas, a Igreja Mãe da comunidade dos católicos, a mais famosa e mais visitada do mundo inteiro. A tradição diz que foi construída no mesmo lugar onde foi crucificado São Pedro, apóstolo de Jesus Cristo, o primeiro Papa. A igreja, guarda o túmulo de São Pedro embaixo do altar principal. Diversos outros papas também estão ali enterrados.

Coordenadas geográficas aproximadas: 41° N, 12° L

Resposta: Basílica de São Pedro – Vaticano.

Sugestão de prêmios

Parabéns!! Vocês ganharam uma viagem de *jet ski* à Ilha de Stromboli, com direito a acompanhante. Quem serão os convidados?	Que legal! Vocês ganharam um passeio de camelo! São 500 voltas ao redor da Pirâmide de Quefrén! Vocês não irão ficar tontos, né?	Muito bem! Vocês ganharam uma viagem de submarino até Challenger Deep, que fica a uma profundidade de 10 923 metros! Vai ser alucinante!
Parabéns! Vocês ganharam uma viagem de canoa até a Ilha de Ofidoussa! Hum... Em que direção irão viajar: norte, sul, leste ou oeste? É melhor utilizarem uma bússola!		Muito bem! Vocês ganharam um par de chinelos para viajar a pé até a cidade de Machu Picchu! Acho melhor irem andando!

7.5.3 Jogo do mapa

a) Material
~ mapa político do continente americano (usar o Atlas);
~ folhas e canetas.

b) Desenvolvimento
~ Os alunos deverão estar organizados em pequenos grupos e de posse do mapa político da América do Sul.
~ A partir da análise do mapa, o grupo deverá elaborar questões do tipo "O que é, o que é?", envolvendo nomes de países, linhas imaginárias, oceanos.
Exemplos:

~ Importante linha imaginária que corta o Brasil, Colômbia e Equador. O que é, o que é? Resposta: Linha do Equador.

~ País situado entre o Brasil, o Uruguai, a Argentina e a Bolívia, não tendo saída direta para o oceano. O que é, o que é? Resposta: Paraguai.

Cada grupo deverá elaborar três perguntas (com as respectivas respostas).

Um jogo poderá ser efetivado na sala de aula entre os grupos elaboradores, obedecendo a uma determinada sequência. Por exemplo:

Número de grupos: 5

Sequência 1	
Grupo que pergunta	Grupo que responde
A	B
B	C
C	D
D	E
E	A

Sequência 2	
Grupo que pergunta	Grupo que responde
C	E
A	D
E	B
D	C
B	A

Você acaba de ser nomeado para cumprir uma missão. Você é agora piloto de um avião-caça e terá de sobrevoar o Brasil inteiro a fim de conhecer vários estados. Em seu Atlas, localize o mapa Brasil político, siga os comandos a seguir e, utilizando seu avião, indique o local em que você chegou.

Antes de começar a brincadeira, recorte e pinte seu avião como quiser.

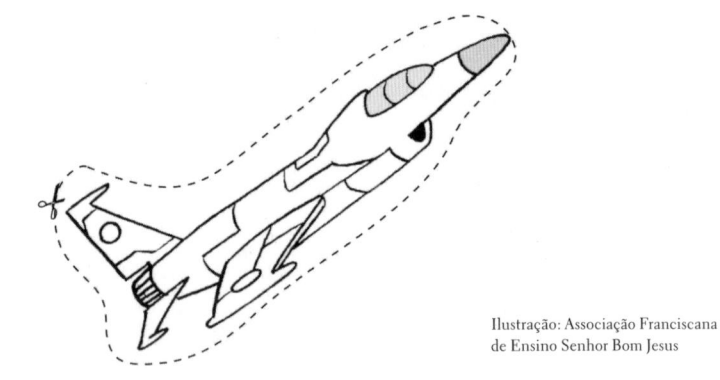

Ilustração: Associação Franciscana de Ensino Senhor Bom Jesus

Observação: Professor, realize a atividade com o mapa do Brasil político para facilitar a visualização.

a) Saindo do estado de São Paulo e voando até o Amapá, qual país da América do Sul se encontra imediatamente ao norte do Amapá? _____.

b) Saindo desse país e voando até o estado de Rondônia, qual estado se encontra imediatamente a leste? _____.

c) Partindo desse estado e voando até o estado em que sua escola está localizada, o que se encontra imediatamente ao Sul? _____.

d) Saindo do Rio Grande do Sul e voando até o Ceará, o que se encontra imediatamente a leste? _____.

e) Saindo da capital do Brasil e voando até o Paraná, qual estado se encontra imediatamente ao norte? _____.

f) Partindo desse estado e voando até o Piauí, qual estado se encontra imediatamente ao sul? _____.

g) Saindo do estado de Alagoas e viajando até Rondônia, o que se encontra imediatamente a oeste? _____.

h) Partindo do estado em que sua escola está localizada e viajando até o estado de Tocantins, qual estado se encontra imediatamente ao norte? _____.

i) Saindo do estado do Maranhão e viajando até o estado no qual sua escola está localizada, o que se encontra a Oeste? _____.

Agora é a sua vez... Elabore outras dicas e desafie seu colega a identificá-las.

Dica 1

Dica 2

Dica 3

Dica 4

Avião para recorte:

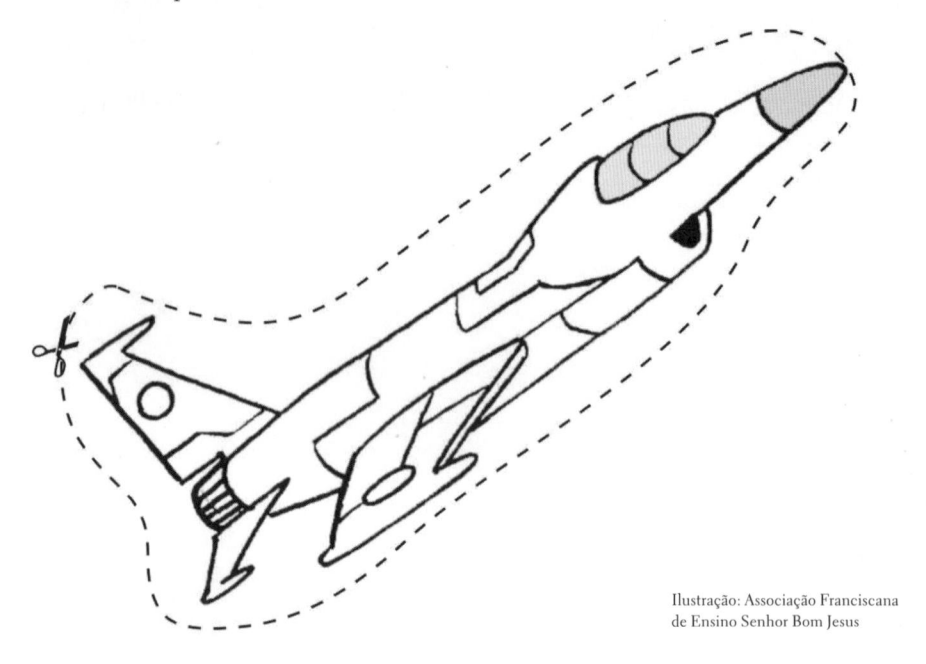

Ilustração: Associação Franciscana
de Ensino Senhor Bom Jesus

7.5.4 Quebra-cabeças

O grande quebra-cabeça chamado *Terra* vai além das fronteiras de nossa cidade, de nosso estado e até mesmo de nosso país. Abrange tudo que diz respeito ao nosso planeta: continentes, oceanos, mares. Cole, em um pedaço de cartolina, a cópia do planisfério que consta na próxima página (você pode colorir antes de colar). No verso da cartolina, trace com a régua dez "pedaços" irregulares e recorte-os. Agora, troque com um colega e montem os quebra-cabeças um do outro.

Antes de iniciar a brincadeira, numere ou pinte os continentes e oceanos do mapa que segue e construa uma legenda.

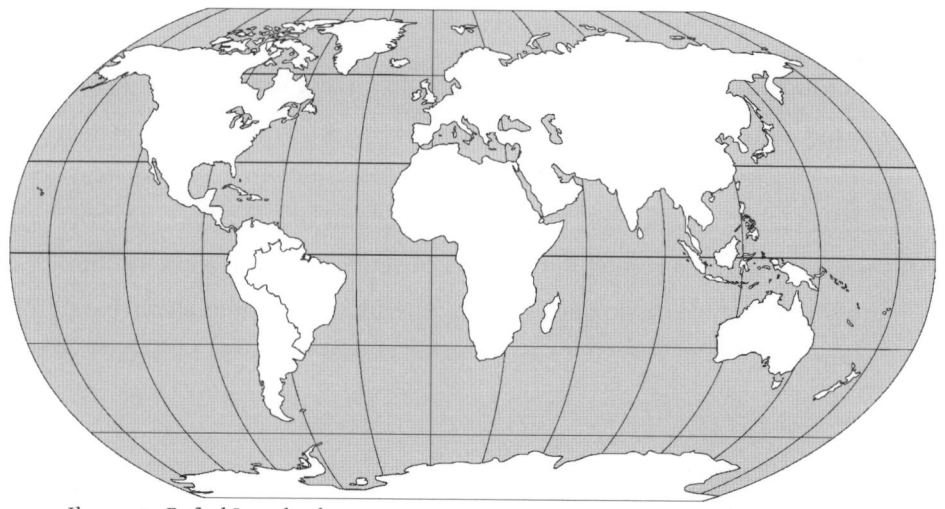

Ilustração Rafael Ivancheche

Legenda:

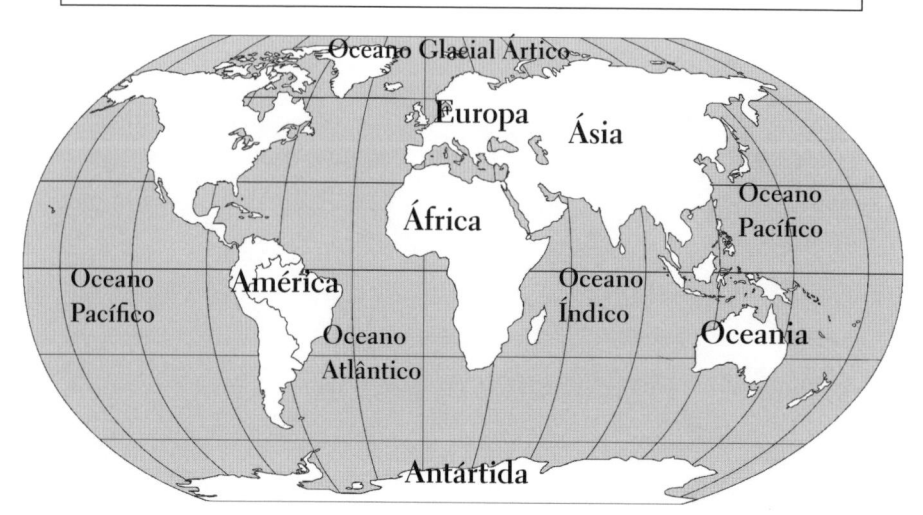

Ilustração Rafael Ivancheche

7.5.5 Aproveitamento comercial dos oceanos

Professor, para cada grupo deverão ser entregues os mapas que seguem, sem a devida legenda. As legendas deverão ser entregues separadamente e embaralhadas. Cada grupo descobre a que se referem as áreas demarcadas nos oceanos, em cada um dos mapas, e elabora um painel de imagens a respeito. (O painel poderá ser organizado em uma aula posterior, de modo que os alunos possam trazer esse material para confeccioná-lo.)

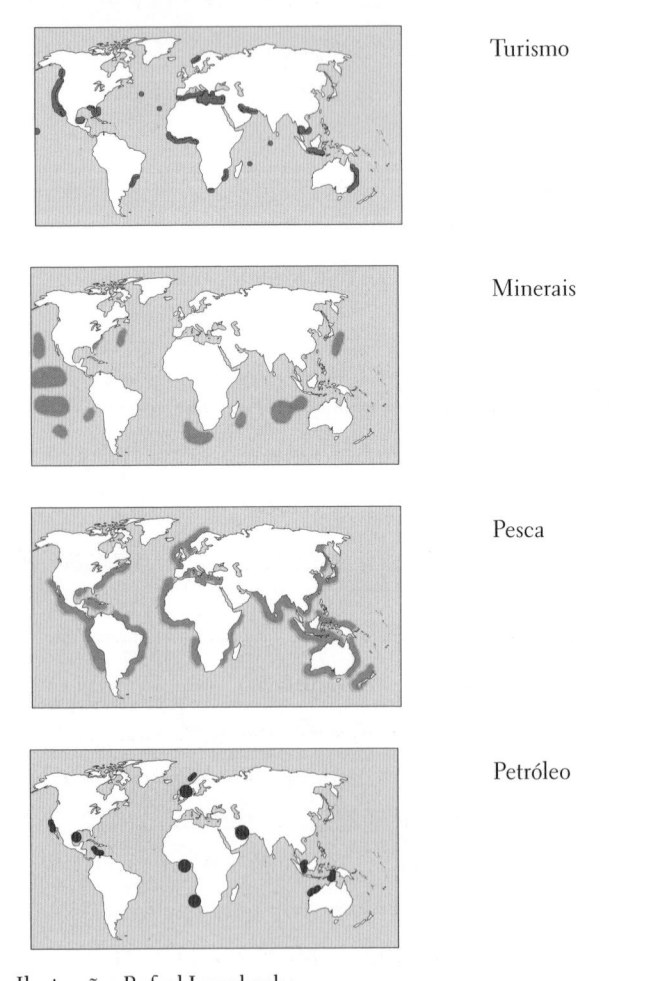

Turismo

Minerais

Pesca

Petróleo

Ilustrações Rafael Ivancheche

7.5.6 Jogo do conjunto de informações: "oceanos"

Encontre as cartas que formam corretamente o conjunto de informações de cada um dos oceanos. Professor, entregue para cada grupo de alunos as cartinhas recortadas e embaralhadas. Cada conjunto deverá ser formado por sete cartas.

Oceano Pacífico	Oceano Índico	Oceano Atlântico
É a maior massa marítima do globo.	Está situado entre a África, a Ásia, a Austrália e a Antártida.	Separa Europa e África, a leste, da América, a oeste.
Situado entre a América, a leste, a Ásia e a Austrália, a oeste, e a Antártida, ao sul.	Tem uma área de 74.000.000 km².	Tem uma área de 106.200.000 km².
Tem 180 milhões de km².	Mar de Bengala, Mar de Adem, Mar de Oman, Mar Vermelho, Golfo de Bengala, Golfo Pérsico e Mar de Andeman são seus principais mares.	É o mais salgado.
Tem 707,5 km de fossas, e 87,8% de sua área apresenta profundidades superiores a 3.000 m.	Nele se localiza a Fossa de Java: 7.450 M de profundidade.	Inclui os mares locais como o Mar Mediterrâneo, o Mar do Norte e o Mar das Caraíbas
Mar da China, Mar de Java, Mar de Bering, Mar de Okhotsk e Mar de Sonda são seus principais mares.	É o antigo Mar das Índias.	Foi o principal oceano das grandes navegações do século XV.

Síntese

~ O uso da linguagem do trânsito na sala de aula auxilia no estudo do espaço geográfico, pois o ir e o vir das pessoas pelos espaços de convivência exige que se faça uma leitura do espaço.

~ O estudo do lugar e da localização permite ao aluno perceber que a localização é absoluta, no entanto, a orientação é relativa a uma referência.

~ O trabalho da geografia com jornais e outros materiais periódicos, além de possibilitar o enriquecimento e a atualização do conteúdo escolar, contribui para que as informações e opiniões veiculadas se apresentem como um elo entre a sala de aula e a dinâmica da realidade social.

~ Vários tipos de jogos, envolvendo os conteúdos escolares podem aprimorar os trabalhos pedagógicos e não devem significar uma competição, mas um estímulo para aprender.

Atividades de autoavaliação

1. Em relação ao trabalho com o trânsito na escola, é correto afirmar:
    a) é na escola que o aluno inicia o compartilhamento do espaço e por isso precisa entender as regras de convivência.
    b) as primeiras convivências sociais do aluno se iniciam em casa, pelo uso comum do espaço e consequente suas relações com o trânsito.
    c) é em seus deslocamentos diários, de casa para escola que são concretizadas as primeiras relações da criança com o uso da linguagem dos sinais de trânsito.
    d) uso da linguagem do trânsito na sala de aula não se relaciona com o trabalho a respeito do estudo do espaço geográfico.

2. A dimensão da palavra *trânsito* é caracterizada:
   a) Pelo ir e vir das pessoas pelos espaços domésticos e a convivência nesse local.
   b) Discussão a respeito das normas de comportamento de motoristas e pedestres nas ruas.
   c) Pelos tipos de sinalização que devemos entender quando nos deslocamos no espaço geográfico.
   d) Pelo código de trânsito brasileiro que é o conjunto de leis que regem o trânsito.

3. Para se conhecer um lugar, nada melhor do que ir até ele e andar pelos espaços que o formam. A construção da maquete e planta baixa, após uma aula de campo pelos arredores da escola, por exemplo, é desenvolvida pela observação de que tipo de espaço?
   a) Projetivo.
   b) Concebido.
   c) Percebido.
   d) Vivido.

4. Os conceitos que são de fundamental importância para o estudo das coordenadas geográficas são:
   a) local e global.
   b) rosa dos ventos e direções cardeais, colaterais e subcolaterais.
   c) lugar, localização e orientação espacial.
   d) território, paisagem e região.

5. O desenvolvimento da capacidade de seleção crítica da informação pelo aluno está ligada ao papel do professor na sala de aula em atividades com o uso de jornal ou outros periódicos. A esse respeito é correto afirmar que:
   I. É o professor que pensa e organiza situações e estimula a criatividade e curiosidade para formação do leitor.

II. Esses materiais devem substituir os livros didáticos, pois são muito mais atualizados e podem ser escolhidos pelo professor no decorrer das aulas durante o ano, possibilitando somente assim, o contato do aluno com outras realidades.

III. O professor é o elo entre a informação e o entendimento e isso quer dizer, que é o professor que precisa estar ciente da importância do trabalho com esse tipo de material na sala de aula.

IV. A atualização dos conteúdos escolares, é tarefa que se cumpre com o uso desses materiais na sala de aula, vindo assim a complementar o trabalho com o livro didático.

São corretos os itens:
a) I e II.
b) I, II e III.
c) I, III e IV.
d) I, II, III e IV.

Atividades de aprendizagem

Questões para reflexão

1. O uso do boneco (do aluno no espaço mapeado) torna mais concreto o deslocamento dos alunos nos espaços mapeados. Por quê?
2. A sistematização da atividade depois do uso de diferentes linguagens (mapas, gráficos, tirinhas, maquete, jogos...) na sala de aula é essencial. Nesse contexto é importante escolher um tema que atenda aos objetivos propostos no seu planejamento e que sejam de interesse dos alunos. Em que momento do cronograma ou da aula esse tipo de atividade deverá aparecer?

Atividades aplicadas: prática

1. Pesquise os diferentes tipos de jogos que se apresentam no mercado e que estão entre os preferidos das crianças e adolescentes. Analise as regras do jogo, como se joga e seus objetivos. Com base nisso, elabore uma atividade para ser usada na sala de aula utilizando um dos conteúdos curriculares propostos pelo planejamento anual.
2. Para se fazer um bom uso das diferentes linguagens na sala de aula, é preciso que o professor direcione, sem imposição, o aluno ao processo de aprendizagem. Utilize uma das linguagens propostas neste capítulo na sala de aula e escreva um relatório indicando os aspectos positivos e os a melhorar e compartilhe com seus colegas de curso.

Considerações finais

A geografia como disciplina escolar desfruta de uma situação curricular peculiar, é reconhecida mundialmente como uma das áreas do conhecimento integrantes dos currículos escolares, possuindo uma longa e objetiva tradição escolar que se deve à necessidade e ao interesse intrínseco na natureza humana de conhecer e controlar o meio ambiente próximo e regiões mais distantes.

Como as demais áreas de conhecimento, a geografia é um meio, e não um fim educacional, e tem como objetivos a formação e o desenvolvimento do aluno. Por esse motivo, cada vez mais percebemos a importância do trabalho da geografia no contexto escolar, no qual o aluno vive, percebe e concebe o seu espaço.

Ler e escrever são tarefas importantes na vida escolar de todos nós. No ensino de geografia, a tarefa é desenvolver a leitura e a representação do espaço geográfico – uma visão de mundo própria, basicamente fundamentada na perspectiva de uma nova qualidade de leitura e de escrita. Para isso é necessário que o professor dirija o seu olhar para o aluno e para a escola com uma nova visão: a do uso de diferentes linguagens, como estratégia cognitiva disciplinar.

Apesar da predominância da fala para o desenvolvimento das aulas (concretizando a aula expositiva), comum a todas as áreas do conhecimento escolar, cabe ao professor de geografia utilizar linguagens específicas da nossa área: a leitura e a escrita da paisagem de diferentes formas, das imagens, do mapa, entre outros.

Para o uso dessas linguagens, cabe destacar o respeito e a valorização do espaço vivido e a criatividade do professor em instigar a curiosidade do aluno no processo de ensino-aprendizagem.

No decorrer desta obra, vimos que toda a atividade trabalhada com a criança na sala de aula deve conter uma intenção clara para o professor e principalmente para o aluno, na qual as representações de ambos fundamentem as expectativas de cada um, e estas não são independentes da concepção dos papéis que cada um deve desempenhar nem das atitudes que esses papéis pressupõem.

A conduta dos professores, o envolvimento emocional dos alunos, as atividades exploradas, a disponibilização de situações que desafiam a criança a pensar, a se movimentar, a interagir, a comparar etc. são aspectos que devem ter como ênfase, levar a criança a se sentir parte integrante do mundo, convivendo com outras pessoas e alimentando o seus sentimentos de competência.

É importante ressaltar que o que pretendemos expressar nesta obra é que qualquer trabalho realizado com as crianças será inócuo e cairá no vazio se não estiver assentado na reflexão do cotidiano. Logo, só haverá aprendizagem se a escola respeitar e utilizar os conhecimentos e as vivências dos seus alunos.

Referências

ALMEIDA, R. D. de (Org.). **Cartografia escolar**. São Paulo: Contexto, 2008.

ALMEIDA, R. D. de; PASSINI, E. Y. **O espaço geográfico**: ensino e representação. 7. ed. São Paulo: Contexto, 1999.

ALVES, R. **A alegria de ensinar**. Campinas: Papirus, 2000.

ANDRADE, M. C. **Geografia**: ciência da sociedade – uma introdução à análise do pensamento geográfico. São Paulo: Atlas, 1992.

ANTUNES, A. do R.; MENANDRO, H. F.; PAGANELLI, T. I. **Estudos sociais**: teoria e prática. Rio de Janeiro: Access, 1999.

ANTUNES, C. **A sala de aula de geografia e história**: inteligências múltiplas, aprendizagem significativa e competências no dia a dia. Campinas: Papirus, 2001.

_____. **As inteligências múltiplas e seus estímulos**. Campinas: Papirus, 1998.

_____. **Manual de técnicas de dinâmica de grupo, de sensibilização, de ludopedagogia**. Petrópolis: Vozes, 1996.

BECKER, F. **Educação e construção do conhecimento**. Porto Alegre: Artmed, 2001.

BETHLEM, N. **O ensino da geografia e da história na escola primária**. Rio de Janeiro: J. Ozon, 1964.

BODEN, M. A. **As ideias de Piaget**. São Paulo: Cultrix, 1983.

BOTELHO, C. L. **A filosofia e o processo evolutivo da geografia**. Rio de Janeiro: Bibliex, 1993.

BRANCO, S. M. **Poluição**. Disponível em: <http://www.cetesb.sp.gov.br/Institucional/saiba.asp>. Acesso em: 18 maio 2010.

BRASIL. Ministério da Educação e do Desporto. Secretaria de Educação Fundamental. **Parâmetros curriculares nacionais**: terceiro e quarto ciclos do ensino fundamental — geografia. Brasília, 1998a. Disponível em: <http://portal.mec.gov.br/seb/arquivos/pdf/geografia.pdf>. Acesso em: 11 maio 2010.

BRASIL. Ministério da Educação e do Desporto. Secretaria de Educação Fundamental. **Parâmetros curriculares nacionais**: história, geografia. Brasília, 1997a. Disponível em: <http://portal.mec.gov.br/seb/arquivos/pdf/livro051.pdf>. Acesso em: 11 maio 2010.

_____. **Parâmetros curriculares nacionais**: história, geografia. Brasília, 1997b. Disponível em: <http://portal.mec.gov.br/seb/arquivos/pdf/livro052.pdf>. Acesso em: 9 jun. 2010.

_____. **Referencial curricular nacional para a educação infantil**. Brasília, 1998b. v. 1. Disponível em: <http://portal.mec.gov.br/seb/arquivos/pdf/rcnei_vol1.pdf>. Acesso em: 19 maio 2010.

_____. **Referencial curricular nacional para a educação infantil**. Brasília, 1998c. v. 2. Disponível em: <http://portal.mec.gov.br/seb/arquivos/pdf/volume2.pdf>. Acesso em: 19 maio 2010.

BROEK, J. O. M. **Iniciação ao estudo da geografia**. Rio de Janeiro: J. Zahar, 1972.

CALLAI, H. C.; ZARTH, P. A. **O estudo do município e o ensino de história e geografia**. Ijuí: Ed. da Unijuí, 1988.

CARLOS, A. F. A. (Org.). **A geografia na sala de aula**. São Paulo: Contexto, 1999.

_____. **Novos caminhos da geografia**. São Paulo: Contexto, 1999.

CARLOS, A. F. A.; OLIVEIRA, A. U. **Reformas no mundo da educação**: parâmetros curriculares de geografia. São Paulo: Contexto, 1999.

CASTRO, I. E. de; GOMES, P. C. da C.; CORRÊA, R. L. (Org.). **Geografia**: conceitos e temas. Rio de Janeiro: Bertrand Brasil, 1995.

CASTROGIOVANNI, A. C. (Org.). **Ensino de geografia**: práticas e contextualizações no cotidiano. Porto Alegre: Mediação, 2000.

CAVALCANTI, L. de S. **Geografia, escola e construção de conhecimentos**. Campinas: Papirus, 1998.

CECCON, C.; OLIVEIRA, M. D. de; OLIVEIRA, R. D. de. **A vida na escola e a escola da vida**. Petrópolis: Vozes, 2002.

CLAVAL, P. **A nova geografia**. Coimbra: Almedina, 1987.

DAVIS, C.; OLIVEIRA, Z. **Psicologia na educação**. São Paulo: Cortez, 2005.

DEMO, P. **Pesquisa**: princípio científico e educativo. São Paulo: Cortez, 1990.

DETRAN–PR – Departamento de Trânsito do Paraná. Educação para o trânsito. Conteúdos para pesquisa. **Sinalização de trânsito**. Disponível em: <http://www.educacaotransito.pr.gov.br/modules/conteudo/conteudo.php?conteudo=53>. Acesso em: 17 maio 2010.

DOSSIÊ: os PCNs em discussão. **Revista Terra Livre**, São Paulo, n. 13, 1997.

FALA SÃO PAULO. **Quais problemas ambientais são mais graves no seu bairro hoje?** 2005. Disponível em: <http://www.falasp.futuro.usp.br/arquivo/e134/e134res.php>. Acesso em: 18 maio 2010.

FAZENDA, I. C. A. et al. **A prática de ensino e o estágio supervisionado**. Campinas: Papirus, 1991.

FENABRAN – Federação Brasileira de Bancos. Disponível em: <http://www.febraban.org.br/>. Acesso em: 18 maio 2010.

FIALHO, F. A. P. **Introdução às ciências da cognição**. Florianópolis: Insular, 2001.

FORQUIN, J. C. **Escola e cultura**: as bases sociais e epistemológicas do conhecimento escolar. Porto Alegre: Artes Médicas, 1993.

FREIRE, P. **Pedagogia da autonomia**. Rio de Janeiro: Paz e Terra, 1997.

_____. **Pedagogia do oprimido**. Rio de Janeiro: Paz e Terra, 1987.

GOMES, P. C. da C. **Geografia e modernidade**. Rio de Janeiro: Bertrand Brasil, 1996.

GUERREIRO, G. Mais brasileiros temem a crise por desemprego e dívidas, diz CNI/Ibope. **Folha Online**, 20 mar. 2009. Disponível em: <http://www1.folha.uol.com.br/folha/dinheiro/ult91u537940.shtml>. Acesso em: 11 jun. 2010.

HAYDT, R. C. C. **Curso de didática geral**. São Paulo: Ática, 1994.

HASLAM, A.; TAYLOR, B. **Mapas**: a geografia na prática. São Paulo: Scipione, 1999.

ÍNDICE de desenvolvimento humano (IDH). **Veja**, São Paulo, 27 fev. 2009. Disponível em: <http://veja.abril.com.br/noticia/internacional/indice-desenvolvimento-humando-idh-424048.shtml>. Acesso em: 18 maio 2010.

KAERCHER, N. A. **Desafios e utopias no ensino de geografia**. Santa Cruz do Sul: EdUNISC, 1998.

KAMII, C.; DEVRIES, R. **A teoria de Piaget e a educação pré-escolar**. Lisboa: Sociocultur, 1990.

KERN, A. B.; MORIN, E. **Terra-pátria**. Porto Alegre: Sulina, 1995.

KOZEL, S.; FILIZOLA, R. **Didática de geografia**: memórias da Terra — o espaço vivido. São Paulo: FTD, 1996.

LACOSTE, Y. **A geografia**: isso serve em primeiro lugar para fazer a guerra. Campinas: Papirus, 1989.

LAJOLO, M. Livro didático: um (quase) manual do usuário. **Em Aberto**, Brasília, v. 16, n. 69, p. 3-9, jan./mar. 1996.

LIBÂNEO, J. C. **Didática**. São Paulo: Cortez, 1993.

MARTINELLI, M. **Gráficos e mapas**: construa-os você mesmo. São Paulo: Moderna, 1998.

MERRIEU, P. **Aprender... Sim, mas como?** 7. ed. Porto Alegre: Artes Médicas, 1998.

MORAES, A. C. R. **Ideologias geográficas**: espaço, cultura e política no Brasil. São Paulo: Annablume; Hucitec, 1996.

MORALES, P. **A relação professor-aluno**: o que é, como se faz. São Paulo: Loyola, 1999.

MORETTO, V. P. **Prova**: um momento privilegiado de estudo e não um acerto de contas. Rio de Janeiro: DP&A, 2001.

MUDANÇAS CLIMÁTICAS - Informações e reflexões para um jornalismo contextualizado. **A vulnerabilidade da América Latina**. Disponível em: <http://www.mudancasclimaticas.andi.org.br/node/969>. Acesso em: 17 maio 2010.

NUNES, C. A. **Metodologia de ensino**: geografia e história. Belo Horizonte: Lê; Fundação Helena Antipoff, 1997.

OLIVEIRA, L. **Estudo metodológico e cognitivo do mapa**. São Paulo: Edusp, 1971.

OLIVEIRA, M. K. **Vygotsky**: aprendizado e desenvolvimento — um processo sócio-histórico. 3. ed. São Paulo: Scipione, 1995. (Série Pensamento e Ação no Magistério. Aprendizado e Desenvolvimento).

PAVÃO, Z. M. **Avaliação da aprendizagem**: concepções e teoria da prática. Curitiba: Champagnat, 1998.

PENTEADO, H. D. **Metodologia do ensino de história e geografia**. São Paulo: Cortez, 1994.

PEREIRA, R. M. F. A. **Da geografia que se ensina à gênese da geografia moderna**. Florianópolis: Ed. da UFSC, 1993.

PIAGET, J. **A formação do símbolo na criança**: imitação, jogo e sonho, imagem e representação. Rio de Janeiro: J. Zahar, 1995.

PIAGET, J.; INHELDER, B. **A representação do espaço na criança**. Porto Alegre: Artes Médicas, 1993.

PONTUSCHKA, N. N.; PAGANELLI, T. I.; CACETE, N. H. **Para ensinar e aprender Geografia**. São Paulo: Cortez, 2007. (Coleção Docência em Formação; Série Ensino Fundamental).

PORTAL BRASIL – A sua biblioteca na internet. Países do mundo. **Honduras**. Disponível em: <http://www.portalbrasil.net/americas_honduras.htm>. Acesso em: 11 jun. 2010.

PRESIDENTE interino de Honduras declara toque de recolher. **Estadão**, 29 jun. 2009. Disponível em: <http://www.estadao.com.

br/noticias/internacional,presidente-interino-de-honduras-declara-toque-de-recolher,394729,0.htm>. Acesso em: 18 maio 2010.

RAFFESTIN, C. **Por uma geografia do poder**. São Paulo: Ática, 1993.

REDDY, F. **Astronomy.** São Paulo: Ândromeda e Dueto, 2007. p. 43-44.

RODRIGUES, J. (Coord.). **Rumo à escola**: livro do professor. Brasília: Ministério da Justiça; Denatran; Unesco, 2002.

ROHTER, L. Floresta submersa ameaça Tucuruí. **Diário do Pará**, 9 set. 2004. Disponível em: <http://www.amazonia.org.br/noticias/print.cfm?id=123933>. Acesso em: 18 maio 2010.

RUFINO, S. M. V. C. (Org.). Ensino de Geografia. **Cadernos Cedes**, Campinas, n. 39, 1996.

SAIBA mais sobre a base naval americana de Guantánamo. **Estadão**, 22 jan. 2009. Disponível em: <http://www.estadao.com.br/noticias/internacional,saiba-mais-sobre-a-base-naval-americana-de-guantanamo,311148,0.htm>. Acesso em: 18 maio 2010.

SANT'ANA, F. M. et al. **Dimensões básicas do ensino**. 3. ed. Porto Alegre: Sagra Luzzatto, 1986.

_____. **Plancjamento de ensino e avaliação**. 11. ed. Porto Alegre: Sagra Luzzatto, 1988.

SANTOS, M. **Espaço e método**. São Paulo: Nobel, 1985.

_____. **O espaço do cidadão**. São Paulo: Nobel, 1997.

SANTOS, M. **Por uma geografia nova**: da crítica da geografia a uma geografia crítica. São Paulo: Hucitec, 1996.

SANTOS, M; SOUZA, M. A. A. **O espaço interdisciplinar**. São Paulo: Nobel, 1986.

SANTOS, R. M. R. dos. **O ensino de geografia e o lugar como objeto de estudo**: uma proposta de mapa conceitual para a educação fundamental 1ª a 4ª série. 2003. 91 f. Dissertação (Mestrado em Engenharia de Produção) – Universidade Federal de Santa Catarina, Florianópolis, 2003. Disponível em: <http://www.tede.ufsc.br/teses/PEPS4087.pdf>. Acesso em: 11 maio 2010.

SCHÖN, D. A. **Educando o profissional reflexivo**: um novo design para o ensino e a aprendizagem. Porto Alegre: Artmed, 2000.

SCHOUMAKER, B. M. **Didáctica da geografia**. Porto: Asa, 1999.

SECA só parou de matar nos anos 70. **Diário do Nordeste**, 16 jun. 2009. Disponível em: <http://diariodonordeste.globo.com/materia.asp?codigo=646863>. Acesso em: 18 maio 2010.

SENGE, P. M. **A quinta disciplina**: arte e prática da organização que aprende. São Paulo: Best Seller, 2001.

SODRÉ, N. W. **Introdução à geografia**: geografia e ideologia. Petrópolis: Vozes, 1977.

SOJA, E. W. **Geografias pós-modernas**: a reafirmação do espaço na teoria social crítica. Rio de Janeiro: J. Zahar, 1993.

SOUZA, A. J. de et al. (Org.). **Cidadania e globalização**. São Paulo: Saraiva; AGB, 2000.

THRALLS, Z. A. **O ensino da geografia**. Porto Alegre: Globo, 1965.

VASCONCELLOS, C. dos S. **Construção do conhecimento em sala de aula**. São Paulo: Libertad, 1995.

_____. **Disciplina**: construção da disciplina consciente e interativa em sala de aula e na escola. São Paulo: Libertad, 1994.

_____. **Planejamento**: plano de ensino - aprendizagem e projeto de ensino. São Paulo: Libertad, 1995.

VEIGA, I. P. A. (Coord.). **Repensando a didática**. São Paulo: Papirus, 1991.

VEIGA, I. P. A. (Org.). **Técnicas de ensino**: por que não? Campinas: Papirus, 1991.

VESENTINI, J. W. **Para uma geografia crítica na escola**. São Paulo: Ática, 1992.

VESENTINI, J. W. (Org.). **Geografia e ensino**: textos críticos. Campinas: Papirus, 1995.

_____. **O ensino da Geografia no século XXI**. Campinas: Papirus, 2004.

VYGOTSKY, L. S. **A formação social da mente**: o desenvolvimento dos processos psicológicos superiores. 5. ed. São Paulo: M. Fontes, 1994.

VYGOTSKY, L. S.; LURIA, A. R.; LEONTIEV, A. N. **Linguagem, desenvolvimento e aprendizagem**. São Paulo: Ícone, 1988.

ZAMBONI, E. Desenvolvimento das noções de espaço e tempo na criança. **Cadernos Cedes**, São Paulo, n. 10, 1985.

Bibliografia comentada

ALMEIDA, R. D. de (Org.). **Cartografia escolar**. São Paulo: Contexto, 2008.

Os textos de vários autores estão reunidos nesde livro, refletindo e analisando o uso da linguagem do mapa na sala de aula. Noções de localização espacial são desenvolvidas ao longo dos capítulos apresentados na obra, que tem como objetivo discutir as possibilidades que o professor tem de produzir e usar o mapa com seus alunos, além de outras atividades com doses de criatividade para motivar os alunos ao estudo.

ANTUNES, C. **A sala de aula de geografia e história**: inteligências múltiplas, aprendizagem significativa e competências no dia a dia. Campinas: Papirus, 2001.

Nesta obra o autor analisa conceitos propostos pelos autores Ausubel, Gardner e Perrenoud que trabalham as estruturas de relacionamento entre teorias e sugestões práticas desses educadores que alicerçam as mesmas no uso de diferentes linguagens que aula deve proporcionar aos conteúdos escolares. Apresenta as múltiplas inteligências em uma abordagem que considera a aprendizagem significativa, do seu uso prático e sua relação com os conteúdos e saberes inerentes ao novo conhecimento.

PONTUSCHKA, N. N.; PAGANELLI, T. I.; CACETE, N. H. **Para ensinar e aprender geografia**. São Paulo: Cortez, 2007. (Coleção Docência em Formação; Série Ensino Fundamental).

É uma coletânea que trata de temas da educação e formação de professores essenciais nos processos de mudança das sociedades. No livro as autoras fazem algumas propostas para o trabalho pedagógico de geografia na sala de aula e reflexões a respeito das linguagens que constituem suporte básico para construção dessa área do conhecimento, de seu ensino e de sua aprendizagem.

SANT'ANA, F. M. et al. **Dimensões básicas do ensino**. 3. ed. Porto Alegre: Sagra Luzzatto, 1986.

Nessa obra o leitor tem a possibilidade de integrar-se ao contexto educacional que delineia o processo de constante mudança pela qual o mundo passa. O fator tecnologia é norteador da construção de uma sociedade que se padroniza e se organiza de acordo com os interesses mundiais. Na jornada da educação também se coloca o questionamento a respeito dos valores que sofrem o impacto frente a um desenvolvimento acentuado do mundo, demonstrando que a cada período a humanidade questiona, revisa ou altera os seus valores e o mesmo existe ou deixará de existir conforme a época em que é apontado.

Gabarito

Capítulo 1

Atividades de autoavaliação

1. c
2. c
3. a
4. c
5. c

Atividades de aprendizagem

Questões para reflexão

1. Professor, utilize o plano curricular e de acordo com os conteúdos propostos encaixe-os em cada um dos objetivos propostos pelos PCNs, o uso de uma tabela é uma opção interessante para sistematizar essa atividade. Sugestão de tabela:

Objetivo	Conteúdo curricular
Perceber progressivamente sua posição no espaço imediato, local e global.	Sugestão: orientação no espaço, coordenadas geográficas...
Reconhecer na paisagem local e no lugar em que se encontram inseridos, as relações entre as pessoas e as diferentes manifestações da natureza no processo de apropriação e transformação dela pela ação da coletividade.	Sugestão: clima, hidrografia, relevo e atividades econômicas...

2. Professor, nossa função na sala de aula não é apenas a de mediar conhecimentos, mas a de conhecedores eficazes de meios que propiciem a aprendizagem de forma significativa (dentro do contexto do aluno) tornando o aluno um agente do espaço em que vive. A Geografia, que trabalha com temas do dia a dia torna-se importante na medida em que o aluno a reconhece em seu contexto.

Capítulo 2

Atividades de autoavaliação

1. c
2. c
3. d
4. a
5. a

Atividades de aprendizagem

Questões para reflexão

1. Pela necessidade de vivenciar o espaço para entender como ele se caracteriza, como seus elementos estão distribuídos e como manter domínio sobre esse espaço para o seu uso. Manter dimensões apreensíveis ajudam a manter o controle, domínio sobre o espaço e sobre a brincadeira.
2. O espaço é a base, onde se constroem as relações da criança com o mundo. Esse mundo, num primeiro momento é o da sua casa ou da sua rua vai se ampliando na medida em que essa relação se estabelece. Na adolescência e na vida adulta o espaço também se mantém como base, como referência para as mesmas finalidades de até então: deslocamento, localização de elementos, objetos, pessoas, só que estabelecendo relações com outros elementos presentes nesse espaço, como as atividades econômicas, aspectos físicos, humanos.

Capítulo 3

Atividades de autoavaliação

1. c
2. d
3. b
4. b
5. a

Atividades de aprendizagem

Questões para reflexão

1. Essa sequência pode ser relativa, pois o trajeto de "casa" para a "escola" ou da "escola" para "casa" realizado por uma mesma rua apresenta elementos que serão observados no caminho de ida e no caminho de volta, porém, aquele, pelo qual passamos primeiro, na ida, será o último quando estivermos fazendo o caminho inverso. A referência nesse caso não são os elementos e sim a posição de quem está fazendo o trajeto.

2. O objetivo dessa atividade é levar o aluno a perceber que o mapa que observamos nos livros de geografia, por exemplo, são representações do espaço real, e que assim como eles desenharam os elementos do seu bairro, partindo de uma visão lateral, que é a que temos ao caminhar pelas ruas, os cartógrafos utilizam uma visão vertical desse mesmo espaço, porém os elementos representados ou referenciais representados são os mesmos, só que, sob outro ponto de vista.

Capítulo 4

Atividades de autoavaliação

1. d
2. b
3. c
4. d
5. a

Atividades de aprendizagem

Questões para reflexão

1. Professor, as relações que as pessoas estabelecem entre si e com os lugares (o meio em que vive) são muito diversificadas. Essas relações são influenciadas pela natureza do lugar e pelo nível cultural dos grupos sociais que nele vivem.
2. Professor, as relações com espaço se tornam mais significativas quando vivenciadas, ou seja, quando promovemos um contato mais direto com o espaço. Assim, uma aula de campo, uma caminhada pela escola ou pelo bairro antes da representação dos espaços em uma maquete e depois no mapa efetivam o processo de alfabetização cartográfica. Portanto a melhor forma de representar o espaço é pela maquete, seguida do mapa. Com o amadurecimento cognitivo do aluno o trabalho correto com maquetes e mapeamento, a passagem do espaço tridimensional (maquete) para o bidimensional (desenho) se concretiza mais rapidamente e o mapa passa a ser lido e não apenas entendido como uma figura.

Capítulo 5

Atividades de autoavaliação

1. a
2. c
3. b
4. c
5. b

Atividades de aprendizagem

Questões para reflexão

1. Professor, cada um dos conteúdos do plano curricular apresenta um valor específico na formação cultural do nosso aluno, e em cada um deles podemos sugerir a participação do mesmo, fazendo com que o aluno formule hipóteses, participe da aula dando exemplos... Geralmente essa participação e a valorização dela não está explícita no plano curricular. Então verifique o acontece na realidade da sua escola.

2. Nesse contexto é importante entender o aluno como sujeito dessa construção da noção do espaço – ele deve ser o mapeador do seu espaço para tornar-se um leitor de mapa. E isso pode começar em diferentes fases, seja ela qual for, o aluno dever ter oportunidade de descobrir e entender o espaço em que vive.

Capítulo 6

Atividades de autoavaliação

1. a
2. c
3. d
4. c
5. a

Atividades de aprendizagem

Questões para reflexão

1. Professor, lembre que para termos um aluno leitor de mapas é necessário oportunizar atividades em sala de aula para que o aluno os construa. É necessário que o aluno dê conta de passar para o papel

a representação de lugares, acontecimentos ou fenômenos por exemplo. Para construir um conhecimento com vistas ao desenvolvimento pleno do aluno como cidadão, o mapeamento sugerido nos trabalhos de sala de aula deve partir de fatos ou lugares vivenciados pelo aluno, colaborando para a reflexão a respeito do meio em que vive.

2. Professor, o conteúdo trabalhado nas aulas de geografia, de modo geral, estão ligados ao dia a dia do nosso aluno, por isso, trabalhar cada um deles, ou um conjunto deles com uma determinada linguagem deve fazer parte do seu planejamento – a importância disso se percebe ao longo do ano escolar, quando os próprios alunos passam a fornecer material de aula (jornais, revista, contam fenômenos, citam exemplos) importante para sistematizar os conteúdos do currículo.

Capítulo 7

Atividades de autoavaliação

1. b
2. a
3. d
4. c
5. c

Atividades de aprendizagem

Questões para reflexão

1. O uso do boneco trabalha com a noção de deslocamento no espaço – relações projetivas – em que a referência é o próprio aluno. O fato de projetar-se no espaço mapeado, torna a atividade mais significativa e produz um entendimento maior a respeito do que está mapeado e o espaço que o mapa representa.

2. Professor, lembre que faz o planejamento e o atualiza todos os anos é você. Encontre um momento adequado para o uso das diferentes linguagens objetivando a qualidade do ensino e não a quantidade de conteúdos curriculares.

Nota sobre as autoras

Rosane Maria Rudnick dos Santos é natural de São Bento do Sul, SC, mestre em Engenharia da Produção, com ênfase em mídia e conhecimento, pela Universidade Federal de Santa Catarina (UFSC)/ 2003, especialista em Ciências Ambientais pela Universidade Estadual do Centro-Oeste (Unicentro), 1995. É licenciada em Geografia pela Universidade da Região de Joinville (Univille), 1993, e autora de livros didáticos de geografia pela editora FTD. Já atuou como diretora escolar na rede pública de Santa Catarina e atualmente coordena a área de geografia no Centro de Estudos e Pesquisas Bom Jesus e é professora de geografia nos cursos de graduação e pós-graduação em diversas instituições de ensino superior e em escolas de educação básica públicas e privadas. É conferencista em congressos e cursos de capacitação de professores. Entre as obras publicadas pela autora, destacam-se a coleção de livros didáticos "Criar e aprender Geografia" do segundo ao quinto ano, da Editora FTD, em coautoria com Sandra Mara Lopes de Souza; o livro didático *Geografia do Paraná*, também da Editora FTD; os livros didáticos *Geografia de São José dos Pinhais-PR* e *Geografia de Matinhos-PR*, em coautoria com Adalberto Scortegagna e editados pela equipe do sistema de ensino para escolas conveniada da Associação Franciscana de Ensino Senhor Bom Jesus.

Sandra Mara Lopes de Souza é natural de Curitiba, PR, pedagoga com especialização em Administração Escolar pela Universidade Tuiuti (UTP), 1991, e especialista em Educação Infantil pela Universidade Federal do Paraná (UFPR), 1994, e em Psicopedagogia pela Pontifícia Universidade Católica do Paraná (PUCPR), 1999. Pós-graduada em Administração de Escolas de Educação Infantil e Ensino Fundamental até a quinta série pela Unifae, 2001. Atualmente é professora e coordenadora em instituições de educação infantil e de ensino fundamental e coordenadora de ensino no Centro de Estudos e Pesquisas Bom Jesus. É autora de livros didáticos de Geografia pela editora FTD, conferencista em cursos de capacitação para professores das redes pública e privada e já produziu *sites* pedagógicos. Entre as obras publicadas pela autora, destaca-se a coleção de livros didáticos "Criar e aprender Geografia" do segundo ao quinto ano, da Editora FTD, em coautoria com Rosane Maria Rudnick dos Santos.

Impressão: Maxi Gráfica
Agosto/2015